Friedrich Wilhelm Hackländer

Der Tannhäuser

Eine Künstlergeschichte

Friedrich Wilhelm Hackländer

Der Tannhäuser
Eine Künstlergeschichte

ISBN/EAN: 9783743411173

Hergestellt in Europa, USA, Kanada, Australien, Japan

Cover: Foto ©ninafisch / pixelio.de

Manufactured and distributed by brebook publishing software (www.brebook.com)

Friedrich Wilhelm Hackländer

Der Tannhäuser

Der Tannhäuser.

II.

Der

Tannhäuser.

Eine Künstlergeschichte

von

F. W. Hackländer.

Zweiter Band.

Stuttgart.
Verlag von Adolph Krabbe.
1860.

Inhalt.

	Seite
Zwölftes Kapitel.	
Erinnerungen	1
Dreizehntes Kapitel.	
Ein guter Gondolier	23
Vierzehntes Kapitel.	
Elise	54
Fünfzehntes Kapitel.	
Auf der Ausstellung	80
Sechzehntes Kapitel.	
Das Wunder	107

Siebenzehntes Kapitel.
Pilgerfahrt 138

Achtzehntes Kapitel.
Im Norden 174

Neunzehntes Kapitel.
Auf den Kaiserpalästen 212

Der Tannhäuser.

———

Zwölftes Kapitel.

Erinnerungen.

Das Leben, welches der Tannhäuser von Anfang an geführt, hatte ihn früher gelangweilt, als er es sich gedacht. Er wußte nicht, woher es eigentlich kam, daß ihm seine elegante Wohnung keine Freude mehr machte, daß es ihm für nichts galt, einen Wunsch, den er kaum geäußert, gleich schon erfüllt zu sehen. Lebhafter als je dachte er an seine frühere Wohnung zurück, — an die Veranda und das wunderbare Licht unter derselben mochte er nicht denken; das schnitt ihm jedesmal ins Herz, und er bemühte sich, eines solchen Gedankens los zu werden. Und doch überfielen sie ihn plötzlich, dergleichen Gedanken, und es dauerte alsbann eine Zeitlang, bis er sich ihrer vollständig erwehren konnte, und wenn er darauf zusammengesunken, finster in einer Sophaecke saß und sie nun leise näher tretend ihm die Hand sanft von der Stirne entfernte, ihn fragend, was ihm fehle, womit er seinen Geist beschäftige? so mochte und konnte er nicht die richtige Antwort geben, und wenn sie gar zu sehr in ihn drang, zeigte er trübe lächelnd durch das Fenster nach Süden auf die fernen blauen Berge und sagte: „Ich möchte wissen, was dahinter liegt."

Es war aber nichts leichter als das zu erforschen. Hatte doch die Fürstin ihrem unruhigen Temperamente nach schon viel zu lange ohne Abwechslung an einem und demselben Orte gewohnt, drängte es sie doch auch wieder in die Welt hinaus. Wenn es also kein anderer Grund war, der zuweilen seine Stirn furchte und ihn finster blicken und träumen ließ, so konnten seine Wünsche mit Leichtigkeit erfüllt werden. — Oft hatte sie in ihrem Innern gezittert, wenn sie sein Auge umflort sah, seine zusammengepreßten Lippen bemerkte, wenn sie dachte, der Tannhäuser könne nach völliger Freiheit verlangen, ihm werde es zu schwül in ihrem Palaste, er sehne sich vielleicht nach frischem Grün und Waldeinsamkeit, nach Kräuterduft und Wellengeriesel — er sehne sich vielleicht anderswohin. Das hätte sie nicht ertragen können — jetzt noch nicht.

Da fuhren an einem schönen Morgen die Reisewagen vor, das Haus wurde geschlossen und blieb zurück unter der Obhut eines einzigen Dieners. Die Leute auf der Straße blickten der vierspännigen Equipage nach, die mit blasendem Postillon dahinrollte zu einer Eisenbahnstation wenige

Stunden von der Stadt. Tannhäuser, der in der Ecke saß, mochte sich keinem Blick aussetzen und drückte sich tief in die Kissen. Auch als sie die Straßen hinter sich hatten, hielt er den Kopf noch träumend in die Hand gelegt.

Vergebens sagte ihm die Fürstin: „Da sind die kleinen Häuser, wo dein Atelier war. Wie erinnere ich mich noch des Tages, als ich zum erstenmal draußen war!"

„Auch mir ist es unvergeßlich," sagte der Tannhäuser mit leiser Stimme, ohne aufzublicken.

„Ja, ja, es war ein eigenthümliches Zusammentreffen," fuhr sie kopfschüttelnd fort, „ich ließ mich ohne Weiteres von Portinsky hinführen. Ich wollte Bilder sehen, vielleicht etwas kaufen."

„Aber der Graf kam nicht ohne Nebengedanken," sagte finster der junge Mann.

„Möglich, obgleich er es immer geläugnet. — Apropos, ich erhielt gestern Briefe von ihm."

Der Tannhäuser fuhr rasch in die Höhe und schaute dann erwartungsvoll auf die Fürstin. „Und wo ist Portinsky?" fragte er rasch.

„In — in Florenz," antwortete die Fürstin zögernd; „es geht ihm gut."

„Und er sucht wohl immer noch?" sagte der Maler mit einem bittern Lächeln.

„Ich glaube, daß du ihm Unrecht thust; er wird das lange vergessen haben."

Tannhäuser blickte zum Wagenschlage hinaus, nicht rückwärts, wo er noch zwischen dem Grün hervorschimmernd die kleinen weißen Häuser hätte sehen können, sondern vor sich hin auf die Straße, auf der die vier Pferde lustig trabten. „Man vergißt das nicht," murmelte er unhörbar, „nie, nie, nie!"

So rollte der Wagen dahin einige Stunden lang, dann wurde er auf die Eisenbahn gesetzt und schien sich selbst zu wundern, wie geschwind er nun auf einmal fort komme, ohne seine eigenen Räder gebrauchen zu müssen. Er nickte ordentlich vor Vergnügen hin und her und schien das alles lange nicht begreifen zu können. War er doch auch in früheren Zeiten wahrhaftig nicht langsam vom Platz gekommen; aber er erinnerte sich wohl, wenn er vor sich einen Kirchthurm sah, daß es immer eine ziemliche Zeit dauerte, ehe er diesen glücklich hinter sich gebracht hatte. Und nun — es ging wahrhaftig wie durch Zauberei. Jetzt schritten die entfernten Berge rascher vorüber, als früher die Kirchthürme an der Straße. Diese aber, sowie die Häuser und die Bäume und die Brücken und die Nebenwege, das flog und sauste alles nur so vorbei, daß man hätte glauben können, die ganze Welt werde von einem tollen Wirbelwind umhergedreht. — Sonderbar! Den Reisewagen schien es ordentlich wohl zu sein, als sie den andern Tag wieder auf ihren vier Rädern laufen konnten. Zuerst früh Morgens, als noch der Duft in den Thälern lag und sich erst

an den höchsten Spitzen der Berge rechts und links von
der Straße eine kleine sonnige Vergoldung zeigte, ging es
eben fort oder doch nur sanft ansteigend. Nach ein paar
Stunden aber ward es steiler und immer steiler, der Wagen
schwankte leicht dahin, er hatte rechts eine hohe Felswand,
links einen tiefen Abgrund, in dem man hie und da ein
grünes, lustiges Bergwasser glitzern sah und es immerwäh-
rend rauschen hörte. Der Postillon ging neben dem Wagen
her, er band eine neue Schnur an die Spitze seiner Peitsche
und dann versuchte er dieselbe mit einem so lauten Klat-
schen, daß es in den Bergen wiederhallte. Hierauf brach
er ein Blatt am Wege ab, steckte den Stiel desselben in
den Mund und trieb dann seine Pferde auf's neue an.

Diese stiegen aufwärts, immer aufwärts; die Sonne
senkte sich langsam an der steilen Felswand hinab, und wo
die Schlucht sehr breit war, bestrahlte sie schon da und dort
freundlich ein Stück des Weges. Um so größer war dann
aber auch der Contrast, wenn der Wagen nun plötzlich in
einen der kühlen, finsteren Felstunnels einfuhr, wo die Hufe
der Pferde, das Knirschen der Räder so eigenthümlich hohl
klang, wo man so deutlich die kalte Luft spürte, wo an den
feuchten Wänden das Wasser herunter sickerte. Darauf freute
man sich doppelt am wiedergewonnenen Sonnenschein. Und
so ging es fort, Stunde um Stunde.

Der Tannhäuser war ausgestiegen und schritt hinter
dem Wagen drein, anfänglich allein; die Fürstin liebte es

nicht zu Fuß zu gehen, sie ruhte bequem in ihrer Wagenecke, entweder träumend oder in einem der vielen Bücher lesend, die sie bei sich hatte. Nicht lange war aber der junge Maler ganz allein; bald begleiteten ihn Gedanken, angenehme und traurige. Die letzteren waren vorherrschend; das Bild seines kleinen Freundes, des Thiermalers, war seit lange nicht so lebendig vor seine Seele getreten, wie am heutigen Morgen. Kam es ihm doch gerade vor, als seien Beide heut Morgen aus einem und demselben Wirthshause gegangen, gemeinschaftlich eine Reise machend, und als sei Wulf höchstens eine halbe Stunde voraus und er werde ihn da vorne bei einer Biegung des Weges schon wieder finden, oder dort auf einem seltsam gezackten Felsstück sitzend, wo er vor Vergnügen mit den Beinen zappele und einmal über das andere hinausschreie: „famos! famos! famos!" Und wenn ihn diese Phantasieen auch anfänglich etwas trübe stimmten, so gab er ihnen nicht nur gerne nach, sondern sie bemächtigten sich seiner Seele mit solcher Lebhaftigkeit, daß sie ihn fast der Gegenwart entrückten, ihn wenigstens so umwoben, daß er sich zuweilen eines zufriedenen Lächelns nicht erwehren konnte.

Ja, es war ein lang genährter Traum seiner Jugend, so träumte er, der nun in Erfüllung ging. Da stieg er mit seinem Freunde rüstig aufwärts und ihre Seelen jubelten im Entzücken über die allgewaltige wunderbar schöne Natur. Und nicht nur jauchzten ihre Herzen beim Erblicken der riesenhaften Formationen um sie her, nein, auch bei den tausenderlei kleinen Genrebildern, die sich ihrem Auge darboten. Ein Stein, der eigenthümlich mit frischem Moos bewachsen war, eine Blume, die von oben herabnickte und freundlich zu grüßen schien, das dunkle Grün der Tannenwälder, die mit ihren fast schwarzen Spitzen so scharf in den tiefblauen Himmel hineinragten, — ein Raubvogel, der eine Zeit lang wie unbeweglich mit ausgebreiteten Flügeln über der Schlucht schwebte, — die goldenen Sonnenstreifen, die dort so ruhig die steilen Felsen bedeckten, ernst und still, so lange sie auf der Felswand hafteten, beweglich spielend, wenn sie tiefer das Laubdach vergoldeten, unten wie geschwätzig murmelnd, wenn sie mit dem grünen klaren Wasser vermischt dies zu einer Smaragdmasse verwandelten. — Aufwärts! aufwärts! — Dem würzigen Tannengeruche entgegen, dorthin, wo man so hallend den Schlag der Holzart vernahm, und dann immer höher hinauf bis zu den Bergen mit den weißen Schneestreifen.

Auch Gespräche hielt der Tannhäuser mit seinem abwesenden Freunde. Viel sagten sie einander über ihre Erwartungen, das Endziel ihrer Reise betreffend — Rom. Sie konnten ordentlich schwärmen, wenn sie am Abend müde angekommen, den andern Morgen ihre Wanderungen durch die heilige Stadt beginnen wollten, zuerst nach der Peterskirche, vorher aber noch, und zwar vor allen Dingen, den Meister Pisani aufsuchen; dann in ben Vatikan, aber mit Francesla. Ja mit ihr, mit ihr! —

Unter diesen Gedanken war der Tannhäuser mit raschen Schritten dem Reisewagen vorausgekommen und sah an der nächsten Biegung des Weges den Fourgon der Fürstin. Auch diesen hatte er bald überholt und bemerkte dann eine Strecke davon Elise auf einem Stein am Wege sitzend, augenscheinlich versunken im Anschauen der prachtvollen Natur. Sie hatte ihren leichten Strohhut am Arme hängen, ihr schwarzes Haar einfach um den Kopf gewunden und die weiße Stirne darunter war etwas geröthet, sowie auch ihre Wangen vom längeren Gehen und von der Erregung, welche diese kolossale Natur, die sie zum erstenmal sah, auf ihr empfängliches Gemüth hervorbrachte. Dazu blitzten ihre Augen heiter und vergnügt, und der Ausdruck der Ueberraschung in denselben war hier so vollkommen gerechtfertigt, daß er den Beschauer noch angenehmer berührte als sonst wohl.

„Nicht wahr, das ist prachtvoll?" sagte der junge Maler, indem er einen Augenblick bei dem Mädchen stehen blieb.

„O so schön, so schön," gab sie mit Wärme zur Antwort, wobei sie unwillkürlich ihre Hände faltete und mit einem vollen Blicke gen Himmel sah.

Hatte er gesagt, sie solle mitgehen, oder hatte er es nur gedacht und sie vielleicht diese Gedanken in einem

Blicke verstanden? — Genug, sie erhob sich und schritt an seiner Seite weiter.

Zwischen diesen beiden jungen Leuten bestand ein eigenes, unausgesprochenes, niemals berührtes und so begreifliches Verständniß. In der ersten Zeit hatte Elise den jungen Maler, so oft sie ihm anderswo als in dem Atelier begegnete, mit einer ängstlichen Scheu vermieden, ihn nie angeblickt, seine Fragen kaum soviel beantwortet, als es gerade die Höflichkeit verlangte. Als er sich aber immer so völlig gleich gegen sie benahm, so ruhig, so taktvoll und verständig, da faßte sie Vertrauen zu ihm, und dies Vertrauen steigerte sich nach und nach zu einem freundschaftlichen Gefühl, ihrerseits auch noch vielleicht zu etwas mehr. So wenigstens hätte man wohl die Blicke verstehen können, die sie zuweilen aus ihrem dunklen Auge auf ihm ruhen ließ, wenn er auf sein Bild niedersah. Er hatte freilich nie einen solchen seltsamen vielsagenden Blick erhascht, wäre auch vor Scham vergangen, wenn er sie ein einzigesmal ertappt hätte; er kannte nur den Ausdruck der Heiterkeit und jener so liebenswürdigen Ueberraschung, mit der sie die ganze Welt zu betrachten schien, mit der ihr alles, selbst das schon oft Dagewesene, immer wieder neu und interessant vorkam. Dieser Ausdruck aber kam hervor aus ihrer heitern, fröhlichen Seele; sie war von einer armen, aber anständigen Familie, ihre Eltern beide todt, und ihr Vormund hatte sie um so lieber im Hause der Fürstin untergebracht, da diese versprochen, auf alle Fälle für ihre Zukunft zu sorgen.

Jetzt schritten die beiden jungen Leute mit einander dahin; sie hatte einen Strauß Feldblumen in der Hand, und da sie ihm unbefangen davon anbot, so nahm er einige Blüthen, die er auf seinen Hut steckte. Das Mädchen sprach mit leuchtenden Blicken von all dem Schönen, was sie heute Morgen gesehen, und zeigte dabei ihr warmes Gefühl, so treffende Vergleiche, ein so richtiges Urtheil, daß ihr der Maler mit großem Interesse zuhörte. Hatte sie doch so manches beobachtet, was ihm entgangen; erzählte sie ihm doch von förmlichen Bildern, welche sie sich vorgestellt, ja verschönerte diese Ansichten mit ihrer lebhaften Phantasie. Der Tannhäuser träumte mehr als je, daß dort um die Ecke jenes Felsens, hinter welchem sich der Weg seinen Blicken verbarg, Wulf sitzen müsse, neben ihm Vater Pisani — sie konnten ja ganz gut die Reise gemeinschaftlich mit einander machen — und während die Beiden vorausgegangen waren, kam er mit — Francesla langsamer nach.

Aus all' diesen Träumereien weckte ihn das Klirren und Rasseln des Reisewagens der Fürstin, der jetzt, da der Weg ebener ging, schneller fuhr und bald dicht hinter ihm war. Sie blickte heraus und ersuchte ihn lächelnd einzusteigen. Elise eilte mit flüchtigen Schritten nach dem Fourgon, von woher ihr der alte Kammerdiener winkte.

"Jetzt wirst du müde sein, Richard?" sagte die Fürstin, als der junge Maler an ihrer Seite Platz genommen.

"Es war schön draußen," gab er zur Antwort; "das Gehen durch diese herrlichen Berge hat etwas Erfrischendes, und auf mein Alleinsein eine Abwechslung zu haben, plauderte ich mit Elisen. Sie hat so gesunde und richtige Ansichten."

"Es ist das überhaupt ein liebes und gutes Mädchen," versetzte die Fürstin. "Wenn sie sich einmal verheirathet, wird sie ihren Mann glücklich machen. — Findest du nicht," sagte sie nach einer Pause, "daß sie im Wuchs mit mir einige Aehnlichkeit hat?"

"O ja, nur ist sie schlanker."

"Mädchenhafter; aber trotzdem sind die Formen ihres Körpers wie die meinigen. Ich machte mir neulich einmal den Spaß, sie aus- und anzuziehen, das heißt anzuziehen mit Kleidern von mir; ich versichere dich, es war eigenthümlich, wie genau ihr alles paßte. — Darnach werde ich dir eitel vorkommen, wenn ich finde, daß sie sehr schön gewachsen ist."

"Untadelhaft," erwiderte der junge Maler, während er an sein Bild dachte.

Das Felsthal hatte sich erweitert, die Sonne schien kräftig auf den Weg und ihre Strahlen, heute Morgen warm, wurden jetzt heiß und drückend.

"Das geht jetzt noch ein paar Stunden so aufwärts bis Splügen," sagte die Fürstin, "aber den schönsten Theil des Weges haben wir hinter uns; wir wollen die Wagenfenster herunterlassen und die Vorhänge herabziehen, wenn es dir angenehm ist. Vielleicht willst du ein wenig schlafen."

Tannhäuser schüttelte lächelnd mit dem Kopfe; er wollte nicht schlafen, nur ausruhen, und dabei etwas lebhafter, wärmer fortträumen. — Und das that er auch, aber er preßte dabei seine Lippen zuweilen fest auf einander, denn es gab erregte Augenblicke, wo er fürchten mußte, ihm entschlüpfe unwillkürlich stammelnd der Name Franceska oder der Name Elise.

Wie man so vieles erreicht, wenn man unaufhaltsam, beharrlich fortstrebt, so hielten die Wagen auch endlich vor dem Posthause in Splügen, wo neue Pferde vorgespannt wurden und die alten sich schüttelnd und mit gesenkten Köpfen entfernten. Dann ging es eine kurze Strecke abwärts und hierauf im Zickzack auf die Höhe, bei Nadelholz vorbei, dessen Stämme, je höher man stieg, immer niedriger wurden, sich auch immer vereinzelter zeigten und endlich ganz aufhörten. Dafür sah man wilde, oft malerisch geformte Felsmassen, leicht verziert mit Schneestreifen, die in ihrer frischen Weiße um so mehr hervortraten, da sich Gestein und Erde hier oben so dunkelfarbig zeigte.

Wie es manchem geht, so hatte auch der Tannhäuser geglaubt, er müsse von der Höhe der Alpen auf einmal hinabschauen in die schönen Gefilde Italiens, er müsse da vor sich die weite lombardische Ebene sehen, in ihr den Po als silberglänzenden Faden, das Ganze in Duft verschwimmend, dem man es schon von weitem ansah, daß er mit Orangendüften geschwängert sei. Es ist indessen andern ehrlichen Leuten hierin auch nicht besser gegangen als dem jungen Maler, und wenn sie oben ankamen, wo die Pferde vor dem Wagen nach manchen Stunden wieder anfingen, lustig abwärts zu traben, so haben sie sich auch wohl neugierig in ihrem Wagen emporgerichtet, um nichts zu sehen als ein hübsches Stück Chaos: wilde Felsmassen, schneebedeckte Bergzacken, rechts und links emporstrebend, sausender, kalter Wind, und rings umher eine unbeschreibliche melancholische Einsamkeit. Nach und nach wird es freilich besser, aber sehr nach und nach; da ist kein schroffer Uebergang, da folgt alles ganz natürlich auf einander. Die Nadelhölzer lassen sich ablösen von einzelnen Buchen und Eichen, ihnen folgen Kastanien, und da mittlerweile die Häuser, deren Dächer wir oben mit dicken Felssteinen beschwert fanden, freundlicher, heiterer erscheinen — sie sind nicht mehr dunkelbraun, sondern mit weißer Farbe angestrichen — so finden wir es auch jetzt begreiflich, daß sich Rebengewinde einstellen, die kunstlos gearbeitete Veranden überspinnen und an Mauer und Baum emporranken.

Es dämmerte schon, als man Chiavenna erreichte, und die Lichter, welche unter den verschiedenen Veranda's hervorleuchteten und um welche vergnügt plaudernde und lachende Menschen saßen, thaten dem Tannhäuser weh. Er schloß die Augen und lehnte sich in die Ecke des Wagens zurück. Auch er empfand, durch die engen Straßen fahrend, den eigenthümlichen Geruch des italienischen Lebens, von dem wir früher schon sprachen, aber er war ihm unangenehm; er fand durchaus keine angenehme Erinnerung, mit der er ihn in Verbindung bringen konnte, er widerte ihn an, denn als er ihn zum erstenmal empfunden, fühlte sich der Tannhäuser schmerzlich berührt, und zwar durch die Lichter, welche an allen Orten so neckend zwischen dem Rebenlaub hervorblickten.

Dieser erste Gedanke, den er in Italien erhalten, verwischte sich auch nicht mehr; er fühlte sich unbehaglich, er sah alles wie im Traume; er staunte wohl beim Anblick der üppigen Gegend, der schönen Ansichten des herrlichen Comersees, beim Durchfahren der reichen Städte mit ihren zahlreichen Kirchen und prachtvollen Gebäuden. Aber es heimelte ihn alles das nicht an; er betrachtete das Sehen all' des Schönen, was sich ihm darbot, wie eine lästige Arbeit, ihm war nur wohl, wenn er allein in seinem Zimmer saß, und er fühlte sich nur recht behaglich, wenn dieses Zimmer keine Aussicht hatte, wenn gegenüberliegende hohe Mauern seine Gedanken recht zusammenhielten.

Ein an sich nicht gerade bedeutender Vorfall in Mailand entleidete ihm die Hauptstadt der Lombardei und gab ihm zu denken. Er war mit der Fürstin im Dome gewesen; er führte sie am Arm und wollte gerade die Kathedrale verlassen, als sie unter der Ausgangsthür mit zwei Herren zusammentrafen, die beim Anblick der Fürstin einen Ausruf freudiger Ueberraschung hören ließen, stehen blieben und sie auf russisch anredeten. Der junge Mann ließ den Arm der Dame los und trat diskret einen Schritt zurück. Es mußten genaue Bekannte von ihr sein, welche sie hier so unvermuthet getroffen; denn nach den ersten Begrüßungen entspann sich augenblicklich ein sehr animirtes Gespräch, welches freilich nicht viele Minuten dauerte, aber damit endete, daß der ältere Herr der Fürstin die Hand reichte, der jüngere aber sich tief verneigte. Darauf hatte die Dame den Kopf etwas nach ihrem Begleiter zurückgewandt und eine Frage an die Herren gestellt, worauf der Jüngere etwas lächelnd erwiderte, der Aeltere aber mit einem eigenthümlichen Gesichtsausdruck den Kopf schüttelte.

Das sah der Tannhäuser deutlich mit seinem scharfen Auge, um so mehr als er im Dunkeln stand und nach dem Lichte hinblickte, in dem sich die Drei befanden. Offen und ehrlich, wie sein Gemüth war, hatte er früher keinen Argwohn gekannt, jetzt hatte er ihn kennen gelernt; jetzt stellte er sich Mienen und Blicke zusammen und las daraus. Die Fürstin hatte ihren Reisebegleiter den beiden Herren vorstellen wollen, sie hatten für die Ehre gedankt. — Er knirschte mit den Zähnen. Jetzt traten die Fremden in das Kirchenschiff, sie mußten dicht an ihm vorüber. Das thaten sie auch, aber sie blickten wie absichtlich nach den Glasmalereien und nach der Decke empor. Er, der die Dame geführt, mit welcher die Beiden vorhin so freundlich gesprochen, er schien gar nicht zu existiren.

Wie erwünscht war es ihm, daß die Fürstin vor dem Dom in ihren Wagen stieg, um einen Besuch zu machen, daß er sich verabschieden konnte, um Stunden lang durch die Straßen zu irren, in finstere Gedanken versunken, unglücklich, beladen mit Leib und Reue! In seinem Dahinbrüten zeigte sich am finster bezogenen Himmel seines Lebens nur eine einzige lichte Stelle, und das war der Gedanke, seine Freiheit wieder zu erringen. — Morgen, übermorgen, tönte es wieder in ihm lebhafter als je. Und er malte es sich aus, wie es so schön sei, wenn er an einem Morgen allein in die Welt hinaus gehen würde, nichts bei sich tragend als ein Heft weißes Papier, aber in Kopf und Herz die schaffende Kraft, um auf jenem weißen Papier kostbare, gesuchte Zeichnungen zu machen. Aber dieser Gedanke, sein so oft wiederholtes: Wenn ich will! war die Klippe, an der seine guten Vorsätze zerschellten; er fühlte sich wie ein Gefangener, in dessen Kraft es liegt, spielend die Riegel seines Gefängnisses zu öffnen, und der im Träumen von der goldenen Freiheit die Zeit vorbeigehen läßt, wo er frei werden kann.

Heute aber war der Tannhäuser mehr als je entschlossen,

sein Leben zu ändern. Immer und immer wieder klang
es ihm:

"Wir haben zu viel gescherzt und gelacht,
Ich sehne mich nach Thränen;
Und statt mit Rosen möcht' ich mein Haupt
Mit spitzigen Dornen krönen!"

Als er in seinen Gasthof zurückkehrte, war die Fürstin
noch nicht da. Es war ein heißer Tag, er fühlte sich auf=
geregt und ermattet. Die Läden der Fenster waren zuge=
zogen, er ging durch die halbdunkeln Zimmer des Appar=
tements, welches sie bewohnten, und ehe er in seinen
Salon kam, durchschritt er ein Garderobezimmer, wo er in
einem Fauteuil Elise schlafend fand. Er wollte leise vor=
übergehen, aber die Lage des jungen Mädchens erschien
ihm so reizend, daß er unwillkürlich stehen bleiben mußte.
Die schönen Formen ihres Körpers waren nur so viel
verhüllt, um doch sichtbar zu bleiben, und gerade in dieser
halben Verhüllung so unendlich graziös zu erscheinen. Sie
hatte ihren Kopf rückwärts gebeugt, den rechten Arm
darunter gelegt; ihr Gesicht, von dem jetzt begreiflicher
Weise der Zug der Ueberraschung gewichen war, sah auf=
wärts, und zwischen ihren leicht geöffneten feinen Lippen
sah man ordentlich jeden ihrer Athemzüge aus= und ein=
ziehen. Er stand, sie still betrachtend, vor ihr, er dachte
an die guten, lieben und freundlichen Worte, welche sie

schon mit ihm gewechselt, er wünschte, daß sie erwacht wäre, er hätte ihr sein Innerstes geöffnet, es wäre ihm so wohl gewesen, in diesem Augenblicke einem fühlenden Wesen klagen zu können, tröstliche gute Worte zu hören, die aus einem Herzen kamen, von dem er wußte, daß dieses es gut mit ihm meine.

Er kniete geräuschlos vor ihr nieder, er drückte seine Lippen auf eine ihrer Hände, welche in ihrem Schooße lag; sie erwachte nicht, aber ihre Finger zuckten leicht und sie that einen tiefen Athemzug. Er hob sich an ihr empor, ohne sie heftig zu berühren; sein Gesicht näherte sich dem ihrigen, er küßte leicht ihre geschlossenen Augenliber, er ließ seine Lippen ein paar Sekunden lang auf den ihrigen ruhen. Welch eigenthümlichen süßen, fast berauschenden Parfum hatte sie heute, ein Odeur, den er am deutlichsten spürte, wenn er mit seinem Munde nur ganz leicht den ihrigen berührte. Er hatte ihn schon wo empfunden, diesen feinen wollüstigen Geruch, aber er wußte nicht wo; doch betäubte er seine Sinne und regte sein Blut wild und gewaltig auf.

Er hob sich halb empor, er schaute auf die Schlafende nieder, er erblickte sie anders als gewöhnlich; ihm gaukelten all' die Bilder vor, die er nach ihr gemalt; er sah sie ganz so, wie er sie oft gesehen, — unverhüllt; sein Haupt sank auf ihr Gesicht nieder, seine Lippen saugten sich an den ihrigen fest. Da zuckte sie gewaltig zusammen, sie dehnte sich leicht, während sie ihn mit der einen Hand von sich abwehrte. Ihre Augen aber blieben geschlossen, nur einmal öffnete sie dieselben leicht, und da sah er einen fast unheimlichen Blitz aus ihren Augen leuchten; auch sprach sie ein paar Worte, aber unzusammenhängend, im Schlafe. „Laß mich," sagte sie, „laß mich — erwachen. Aber ich kann nicht — nein, nein ich kann nicht. — O—o—o—h!"

Der Maler schreckte plötzlich empor, er hatte den Ton einer Klingel aus den innern Zimmern der Fürstin vernommen. Dieser Ton riß ihn gewaltsam aus seinem süßen Taumel, er schreckte ihn zur Unzeit empor, aber er war ihm dankbar dafür. Hastig erhob sich der Tannhäuser und blickte das junge Mädchen einen Augenblick kopfschüttelnd an, erstaunt, sie so ruhig und fest fortschlafen zu sehen. Ihr Haupt war noch etwas mehr zurückgesunken, sie hatte die Lippen wieder ein wenig geöffnet und ein freundliches Lächeln spielte um dieselben. Ihr Athem ging wohl tief, aber regelmäßig.

Abermals vernahm man den Ton der Klingel, und der Maler eilte dahin, nicht ohne an der Thür noch einmal stehen zu bleiben und einen innigen Blick auf Elise zu werfen, deren sanftes Lächeln ihn mit Zaubergewalt festzuhalten schien. Er eilte gleich darauf durch die Appartements dahin. War die Fürstin zurückgekommen? Der Ton der Glocke drang aus ihrem Zimmer. Doch nein, sie war nicht dort; sie mußte neben ihrem Schlafzimmer in dem kleinen Babekabinet sein; die Portieren an der Thüre dorthin waren zusammengezogen.

Tief athmend blieb er in der Mitte des Gemaches stehen; auch hier noch wollte er zurücktreten, leise zurückgehen. Doch empfand er hier auf einmal diesen eigenthümlichen Parfum wieder, den er vorhin bei Elisen bemerkte, jenen Duft, der ihn so gewaltsam aufgeregt. Er legte die Hand an seine Stirne, tausend Ideen durchkreuzten sein Gehirn, aber er war nicht im Stande, sich etwas klar und ruhig darzustellen; alles, was er dachte, diente nur dazu, ihn noch mehr zu verwirren und aufzuregen. Und es war hier in den Zimmern so ruhig, so dunkel, so seltsam still.

Fast fürchtete er sich vor dieser Stille, ja er war ordentlich froh, als er im nächsten Augenblicke die klangvolle sanfte Stimme der Fürstin vernahm, welche ein paar Töne sang und damit wie schmeichelnd rufend den Namen „Elise" verband. Er trat ein paar Schritte näher, fast wankend, eigenthümlich befangen. Der Ton der Klingel der wieder erschallte, ließ ihn abermals weiter gehen; er konnte mit der Hand die Portieren berühren, und er mußte das wohl gethan haben, denn sie bewegten sich, sie ließen ihn einen Augenblick durchsehen, und diese Bewegung machte auch wohl die Fürstin glauben, als sei das junge Mädchen auf ihren Ruf erschienen.

„Elise!" hörte er die schöne Frau sagen; „du schliefst

so fest, was bei der Hitze draußen kein Wunder ist, so daß ich dich nicht wecken mochte und allein badete. Jetzt aber, wo ich nur ausruhen möchte, will auch mich der Schlaf überfallen, wenn du mir nicht irgend etwas erzählst. — Komm herein. Was suchst du noch? Mein persischer Mantel ist schon hier; ich habe ihn über mich gedeckt. Komm nur — o komm nur."

Sein Nähertreten allein mußte die Portiere bewegt haben, er hatte noch keine Hand daran gelegt und doch wallten sie ein wenig von einander und ließen seinen Blick in das zierliche Kabinet bringen. Da ruhte das jugendliche schöne Weib, wie sie so gern zu thun pflegte, auf ihrem Divan, den Kopf ganz rückwärts gebeugt, die Arme hoch erhoben, so daß zwischen ihren Fingern ein kleines goldenes Kettchen hing, woran ein Medaillon befestigt war, das sie nun gerade vor ihren Augen hatte.

Der Tannhäuser wußte wohl, wessen das Bild in diesem Medaillon war. Sie aber lächelte es an und ließ es zuweilen so tief hinab sinken, daß es auf ihren frischen rothen Lippen ruhte, und wenn sie es alsdann wieder erhob, flüsterte sie wie vorhin: "komm nur — o komm nur!"

Sie lacht so gesund, so glücklich, so toll,
Und mit so weißen Zähnen;
Wenn ich an dieses Lachen denk',
So weine ich plötzliche Thränen.

Zwölftes Kapitel.

Ich liebe sie mit Allgewalt,
Nichts kann die Liebe hemmen!
Das ist wie ein wilder Wasserfall,
Du kannst seine Fluten nicht dämmen!

Er springt von Klippe zu Klippe herab
Mit lautem Tosen und Schäumen,
Und bräch' er tausendmal den Hals,
Er wird im Laufe nicht säumen.

Dreizehntes Kapitel.
Ein guter Gondolier.

Wenn man Venedig mit Bequemlichkeit und Zeitersparniß sehen will, so leistet dazu ein guter und gewandter Gondolier die vortrefflichsten Dienste. Er ist unser Kutscher und Cicerone zu gleicher Zeit. Während er uns nach irgend einem berühmten Bauwerke hinrubert, erzählt er uns von dessen Merkwürdigkeiten und gibt uns die genauesten Anleitungen, was wir in jener Kirche und in jenem Palaste zu sehen haben und was wir füglich überschlagen können. Betrachten wir irgend etwas, was abseits von dem Kanale liegt, wo er seine Gondel angelegt, so wird er nicht von uns verlangen, daß wir den Weg wieder zu ihm zurücklegen sollen; er wird uns ersuchen, gerade aus zu gehen, bis zu dem kleinen rothen Eckpalast dort hinten, den sollen wir uns genau betrachten, er hat diesem oder jenem erlauchten Geschlecht gehört, in seinen Mauern ist diese oder jene schreckliche Geschichte passirt. An seinem Thürklopfer bemerken wir eine Faust: das ist die Hand des Rächers, die damals in stiller Mitternacht durch drei dröhnende Schläge das frevelnde Paar aus dem Schlummer riß.

Also um jenen rothen Palast wenden wir uns links, haben dicht vor uns eine hochgewölbte Brücke, die wir überschreiten und die sich an ein altes, mächtiges Gebäude lehnt, in welchem sich die größte Antiquitätenhandlung des heutigen Venedigs befindet. Nicht die des berühmten N. — Der ist gestorben, und sein gespensterhaftes Haus, in welchem Waffen und Rüstungen aus vielen Jahrhunderten und mit dem Staube von wenigstens einem Jahrhundert beladen, in dem beinahe hohlen Raum seines dreistöckigen Palastes an den Wänden hängen, der nur verkaufte, wenn ihm der Käufer behagte, der aber für den Fremden unendlich lehrreich war, denn er erzählte gern Geschichten und wußte die schauervollsten von jedem Stücke seines Magazins. Wie oft sprach er, wenn er diesen oder jenen Dolch zeigte, von den Opfern, die durch ihn gefallen seien, und berichtete davon mit einer grausigen Umständlichkeit. Doch weiter!

Nachdem wir dieses heutige großartige Antiquitäten-Magazin beschaut, finden wir unsern Gondolier vor der breiten Steintreppe des Hauses. Er wird, wenn wir ohne Verdeck fahren, stets bereit sein, einen fragenden Blick zu beantworten. — Dort schießt uns eine Gondel entgegen; in ihren Atlaßkissen ruht eine Dame, durch das Fenster ihres Verdeckes entdecken wir ein glänzendes Augenpaar, vielleicht einen Mund, der freundlich lächelt. Wir schauen fragend auf unsern Gondolier; er zuckt mit den Achseln, oder er stemmt seine Ruder nach einem kräftigen Schlage ins Wasser, fest an die Seite des Schiffchens, welches nun plötzlich herumfliegt und dann nach jener Richtung hinschießt, welche die andere Gondel genommen. Aber alle jene kleinen Fahrzeuge sehen sich ähnlich wie ein Ei dem andern; alle sind gleich schwarz, alle ohne jedes Abzeichen. Und doch findet der gewandte Gondolier aus hunderten, die neben und vor ihm fahren, die, welche er einmal ins Auge gefaßt hat, wieder heraus; er erkennt sie an einem eigenthümlichen Schaukeln oder sonst an der Art, wie sie dahin schwimmt, vielleicht an ihrem neueren oder älteren Ueberzug, an irgend einer Quaste, die fuchsig geworden ist, natürlich auch häufig am Gondolier selbst, an dessen Kleidung und Livree. Will sich die vorausgeruderte Gondel einholen lassen, so ist die Arbeit unseres Gondoliers nicht so schwer, will sie aber entwischen, so muß er gehörig aufpassen, muß Hand und Auge mit dem größten Geschick, mit voller Kraft in Thätigkeit setzen.

Der Commissionär, der das Haus am Canal grande für die fremde Herrschaft gemiethet, hatte nicht zu viel gesagt, als er die Geschicklichkeit der beiden Gondoliere mit den größten Lobeserhebungen gepriesen. Denn jeder der Beiden war in seiner Art vortrefflich, und Herr Potowski, welcher etwas einsilbig war und überhaupt nicht viel sprach, war mit Paolo über alle Maßen zufrieden. Wenn der Herr zu bestimmten Tagesstunden in die Gondel stieg, namentlich wenn er ein Zeichenheft unter dem Arme trug, so wußte jener schon, wohin er zu fahren hatte. Schien die Excellenza einmal ausnahmsweise gut gelaunt, summte ein Lied vor sich hin und blickte, nachdem er eingestiegen, grüßend zu den Fenstern empor, so führte Paolo die Gondel, wenn kein besonderer Befehl erfolgte, nach einem der prachtvollen und berühmten Gebäude Venedigs und wählte gewöhnlich einen Standort, von wo sich das Bauwerk besonders malerisch ausnahm, oder wo ein Sonnenblick die scharfen, wunderbaren und so eigensinnige Schlagschatten warf, wie man sie nur hier in dieser seltsamen Stadt sieht. Warf sich aber Herr Potowski verdrießlich in die Kissen seiner Gondel, blickte mürrisch vor sich nieder, warf die kaum angebrannte Havannacigarre heftig von sich ins Wasser und setzte sich alsdann mit übergeschlagenen Armen zurecht, so bog Paolo aus dem Canal grande alsbald in einen der Nebencanäle, verlor sich langsam rudernd in ein Labyrinth von schmalen Wasserstraßen, thurmhohen, finstern Häusern, umkreiste einen der im Verfall seiner Häuser so öde und unheimlich aussehenden Plätze in der Nähe des Ghetto und ließ bei der Sacca della Misericordia die Häusermassen

hinter sich, um dann langsam am Fondamente nouve hin=
rudernd seinem Herrn den Blick zu gönnen auf die weiten
stillen Flächen der sonnbeglänzten Lagunen, bis dieser aus
dumpfem Hinbrüten erwachend ein Zeichen zur Rückkehr
gab. — Morgen — übermorgen! —

Gegenüber der kleinen prachtvollen Marmorkirche der
Chiera dei Miracoli, deren Wände von weißem Marmor
mit den herrlichsten Skulpturen bedeckt sind, hatte Paolo
eines Tages angelegt, und Herr Potowski betrachtete be=
wundernd die zierlich verschlungenen Gewinde von Blumen
und Vögeln, womit Fenster= und Thüreinfassungen bedeckt
sind, als er auf einmal rasch emporfuhr, hastig dem Gon=
dolier etwas zeigte und eine Frage aussprach.

Paolo nickte mit dem Kopfe und sagte: „Si signore,
ich habe ihn wohl bemerkt, und heute nicht zum erstenmale;
er zeichnet bald hier, bald dort."

„Derselbe kleine Mann, der dort vor uns um die Kirche
verschwand?"

„Derselbe sehr kleine! Si signore, es ist ein Deutscher."

„So laß mich aussteigen, ich muß ihm nach."

„Er war ja auf der andern Seite des Canals. Ehe
Sie diesseits aussteigend die zwei Brücken passirt haben, ist
er lange verschwunden. Ich will sehen, ob ich ihn wieder
in Sicht bekomme." Damit stieß die Gondel rasch vom
Ufer und flog unter einem gewaltigen Druck des Ruders
über das Wasser hin. Jetzt bog Paolo scharf um eine

Ecke rechts, dann schoß das schlanke Fahrzeug unter einer schmalen Brücke dahin, worauf Paolo triumphirend rief: "Ecco, Signore!"

Richtig, dort war der kleine Mann wieder. Statt aber daß Potowski dem auffordernden Blick seines Gondoliers folgend, sogleich ans Ufer gesprungen wäre, schien er unschlüssig zu sein, erhob sich langsam von seinem Sitze, und als er nun auf die Steinstufen springen wollte, war der Andere schon wieder um die nächste Ecke verschwunden.

"Das ist nicht meine Schuld," sagte lachend der Gondolier. "Aber laßt Euch nur nieder, Excellenza, wir holen ihn wieder ein. Es würde auch in diesen engen Gassen zuviel Aufsehen machen, wenn Ihr da hinter drein rennen wolltet."

Damit schoß die Gondel abermals dahin, bald rechts, bald links um die Ecken, hier bei andern Gondeln so haarscharf vorüber, daß kaum ein Blatt Papier Platz zwischen Beiden gehabt hätte, umkreiste dort in einem weiten Bogen ein größeres Fahrzeug, flog unter Brücken und Uebergängen dahin und hatte bald den kleinen Mann wieder vor sich, der eine Mappe unter dem Arme trug. Doch schien kein Glück bei dieser Jagd zu sein, wo man ihn hätte erreichen können, waren die Canalmauern zu hoch, oder es lagen dort eine Menge Gondeln, die eine Landung nur langsam vor sich gehen ließen.

Paolo hielt sein Ruder dicht an Bord der Gondel, ließ

sie anhalten und sagte zu seinem Herrn: „wenn es Ihnen gleichgültig ist, ob wir den da hier oder anderswo abfassen, wenn er nur aufgefunden wird, so wollen wir ihn in kurzer Zeit haben. Lassen wir ihn seiner Wege ziehen und legen uns vor seine Wohnung hin. Wenn es Ihnen nämlich so gefällig ist, Herr."

„So weißt du, wo er wohnt?"

„Ich kann es mir denken." Damit wandte er auf einen zustimmenden Blick die Gondel wieder und ruderte einen Theil des Weges dahin zurück, woher er gekommen, bog dann rechts ab und war in kurzer Zeit in einem jener kleinen und stillen Canäle, die wie ein Symbol der Melancholie erscheinen, die umstanden von unendlich hohen Häusern ihr trübgefärbtes Wasser beständig in tiefem Schatten zeigen, wo die Mauern der fünfstockigen Häuser schwärzlichgrau, einförmig und düster sind und wo man sich ordentlich freut am Anblick flatternder buntfarbiger Wäsche oder an irgend einem grünen Geranienbusch, der aber wegen Mangel an Sonnenlicht nur verkümmerte Blumen zu treiben im Stande ist.

„Sehen Sie dort, Herr," sagte Paolo, „die schwarze Thür mit dem schweren eisernen Klopfer? Dort wohnt er."

„Und wird er schon da sein?"

„O nein," erwiderte der Gondolier kopfschüttelnd. „Wenn er nach Hause geht, macht er es wie alle diese Künstler und hält eine Zeit lang am Dogenpalast. Excellenza thun das ja auch, und es ist wahrlich der Mühe werth. Excellenza sind viel gereist, werden mir aber zugeben müssen, daß es in der ganzen Welt kein so prachtvolles Bauwesen mehr gibt als der Palazzo Ducale."

„So eigenthümlich und malerisch gewiß nicht, und es ist wahr, es zieht uns immer wieder dahin."

„Den wir aber suchen, Herr, kann sich diesmal nicht gar zu lange dort aufgehalten haben, denn da kommt er schon."

„Wo? — Ah, er ist's!" —

Und es war in der That der kleine Maler Wulf, der eine Mappe unter dem Arm, mit etwas fuchsig gewordenem Calabreser auf dem Kopfe, aufrechten Hauptes mit einem Ausdruck von Selbstgefühl und Stolz einherschritt, als wenn er gerechte Anwartschaft auf ein nicht unbedeutendes Stück dieser ehemaligen Republik in sich fühle. Jetzt aber hemmte er mit einemmale in die Höhe blickend seinen Schritt, lehnte sich an einen der Steine, die am Ufer des Kanales standen, und fing rasch an etwas in seine Mappe zu zeichnen.

Der Herr in der Gondel, welcher ihn aufmerksam betrachtete, blickte ebenfalls in die Höhe und mußte lächeln, denn dort hoch oben an dem Dache einer der Paläste, der über die niedrigen Hinterhäuser hervorragte, sah man zwei Katzen auf so komische Art mit einer Dachrinne beschäftigt, daß man es wohl der Mühe werth finden konnte, ein leichtes Croqui von ihnen zu machen. Dies war denn auch in wenigen Minuten beendigt, worauf der kleine Maler sein Buch zuschlug, leicht an seinem Hut rückte, dann seinen Weg wieder aufnahm, worauf er nach wenigen Sekunden hinter der dunklen Hausthür mit dem großen eisernen Klopfer verschwunden war.

Jetzt verließ auch der Andere seine Gondel, gab Paolo Befehl dort zu halten, und ließ den Thürklopfer auf die eiserne Platte darunter niederfallen. Augenblicklich wurde von einer etwas zerzaust und schmierig aussehenden Frau geöffnet, welche auf die Frage, ob der Herr Maler Wulf zu Hause sei, mit einem sehr geläufigen „Si Signore" antwortete, nach der Treppe hinwies und dann in den dunklen, geheimnißvollen Räumen der anstoßenden Küche verschwand. Von dorther schallte aber gleich darauf noch einmal ihre Stimme, welche den Fragenden orientirte, daß Herr Wulf zwei Treppen hoch wohne.

Dem Andern war es etwas seltsam zu Muth, als er die feuchten Stufen hinan schritt, als er ringsumher an den zerkratzten Wänden, dem wackeligen Geländer, der schmutzigen Treppe, den Staub- und Kehrichthaufen überall ebenso viele Zeichen der Dürftigkeit sah und aus dieser Umgebung entnehmen zu können glaubte, daß sein Freund, der kleine Thiermaler, welcher hier lebte, sich in nicht besonders glücklichen Verhältnissen befände. Das that dem Tannhäuser um so weher, als er sich selbst, durch sein bisheriges Leben verwöhnt, wohl sagen mußte, er würde sich sehr unglücklich fühlen, wenn ihm jetzt auf einmal der Comfort mangle, der das Leben nicht nur verschönert, sondern oft allein genießbar macht. Dabei fühlte er sich tief bewegt, indem er so lebhaft wie lange nicht der vergangenen Zeiten dachte.

Jetzt stand er im zweiten Stockwerk vor einer Thür, die nur angelehnt war und hinter welcher ein deutsches Lied gesungen wurde. Er war nicht fehl gegangen. — Auf sein Anklopfen erfolgte ein lautes Herein! und als Tannhäuser darauf hastig ins Zimmer trat, stand er dicht vor seinem Freund und ehemaligen Stubengenossen, der in höchster Ueberraschung und mit einem Ausdrucke, als sehe er etwas Gespensterhaftes, ein paar Schritte zurückwich. Auch flog ein ernster, fast feindseliger Ausdruck über seine Züge, wozu er den Arm erhob, als wollte er dem Andern, der rasch auf ihn zutretend ihm beide Hände auf die Schultern legte, von sich abwehren.

„So sehen wir uns endlich wieder!" sagte der Tannhäuser.

Worauf Wulf nach einer längeren Pause zur Antwort gab: „Wir sehen uns allerdings wieder, und darin finde ich gerade nicht viel Sonderbares und Merkwürdiges."

„Aber daß wir uns wieder sehen, muß dich doch auch freuen, daß wir uns so wieder finden."

„Finden wir uns vielleicht anders wieder, als wir erwartet?" fragte Wulf mit seinem bekannten scharfen Lächeln.

„Was mich anbetrifft, so bin ich mir ziemlich gleich geblieben. Schau her, dieses Röckchen wirst du noch kennen; auch hier mein altes Uhrband, und den Calabreser haben wir, glaube ich, damals zusammen gekauft. — Was das sich gleich Bleiben anbelangt, so spreche ich hier nur vom Aeußern, denn auf's Innere läß'st du dich doch begreiflicher Weise nicht ein."

Der Tannhäuser versuchte zu lächeln, aber es war ein schmerzliches Lächeln, welches er hervorbrachte. „Ich sehe doch," sprach er, „daß sich auch dein Inneres nicht geändert hat; immer zu bitteren Worten und Spott bereit, nur um dein gutes, treues Herz nicht regieren zu lassen. Gib mir die Hand, Wulf. — Ich — ich habe mich in meinem Innern sehr verändert."

„Nicht bloß in deinem Innern," erwiderte der kleine Maler, nachdem er seinen Freund mit einem langen Blicke betrachtet. „Auch dein Aeußeres; wenn gleich schon damals dein Gesicht aussah wie das eines jungen Prinzen, der sich vergebliche Mühe gibt, ordinär bürgerlich auszuschauen, so ist doch jetzt auch dein Aeußeres vollkommen fürstlich geworden — russisch fürstlich. Denn ich spüre etwas vom Geruch der Juchten."

Der Tannhäuser hatte sich auf einen der kleinen gebrechlichen Stühle gesetzt, der dicht neben dem Bette stand, und während er sich auf dieses mit dem Oberkörper legte, sagte er: „Glücklicherweise ist es mir noch erinnerlich, wie man es bei dir machen muß, um nach einiger Zeit endlich Ruhe zu bekommen. Man läßt dich austoben, und dann wirst du wieder ein angenehmer brauchbarer Kerl. Also lege los."

"Wenn ich das und alles sagen wollte, was ich mit Recht gegen dich auf dem Herzen habe, so würde es dir doch vielleicht zu lange dauern. Auch will ich dich schonen," setzte er hinzu, nachdem er einen scharfen, prüfenden Blick auf das Gesicht des andern geworfen.

"Worin willst du mich schonen?" fragte dieser, indem er sich aus seiner liegenden Stellung rasch erhob. Er dachte an Franceska, und es zog schmerzlich durch seine Seele; auch trat der Name des Mädchens leise und scheu auf seine Lippen.

Doch schüttelte Wulf die Hand gegen ihn und sagte mit kaum vernehmlicher Stimme: "Nenne sie nicht; über sie will ich nicht sprechen; in dir selbst will ich dich schonen, denn," setzte er darauf mit einem sarkastischen Lächeln hinzu, "ich sehe an deinem noch immer ziemlich glatten Gesichte doch schon die unverkennbaren Spuren manchen Leides, manches harten Augenblicks."

"Ja, ja," sprach der Tannhäuser vor sich niederblickend.

"Du zuckst so seltsam mit den Lippen, wie du früher nicht thatest. Um deine Augen ist ein Zug, mein Richard, der mir gar nicht gefallen will. — Apropos, du hältst doch noch immer Haus bei der Frau Venus?"

Der Andere zuckte mit den Achseln. "Wie schon gesagt,"

warf er leicht hin, man muß dich austoben lassen. Aber mach' es kurz und gnädig."

„Der edle Tannhäuser, ein Ritter gut,
Wollt' Lieb und Lust gewinnen,
Da zog er in den Venusberg,
Blieb sieben Jahre drinnen,"

recitirte der kleine Maler und fuhr alsdann fort: „Es sind aber noch lange keine sieben Jahre; also wird es noch eine Weile dauern, bis du dir von der schönen Frau Urlaub geben läßst, um darauf nach Rom zu pilgern. — Es wäre aber doch seltsam," meinte er nach einem momentanen nachdenklichen Stillschweigen, „wenn du auf diese Art den ganzen Tannhäuser aufführtest, wenn du wirklich nach der heiligen Stadt kämest als ein Pilger, bleich und wüst."

„Und warum sollte ich nicht dorthin kommen? Es liegt ja in meiner Macht! Wenn ich morgen sage: ich will reisen, so reise ich."

„Aber nicht nach Rom."

„Warum nicht?"

„Frau Venus wird nicht wollen; ihr graut vor der ewigen Stadt, und weil sie weiß, daß —"

„Daß —?" fragte der Tannhäuser in großer Spannung.

„Daß Franceska dort ist?"

Der Thiermaler fuhr sich mit der Hand über das Gesicht, dann sprach er: „Da du mich doch an alte Zeiten

Dreizehntes Kapitel.

erinnerst, so muß ich bir sagen, daß der kleine Joco gestorben ist, weißt du, mein guter kleiner Aff', den wir alle so lieb hatten. Wir alle. Es war eigenthümlich und ganz närrisch von dem Thier, als sie — zum letztenmal im Atelier war und mit Joco spielte, ließ sie ein kleines Halstuch zurück, welches das Thier von da nicht mehr herausgeben wollte und welches es bei sich behalten hat bis an sein seliges Ende. Nun behaupte Einer noch, daß so ein Affe nicht Menschenverstand habe!"

„Und?" fragte Tannhäuser.

Doch unterbrach ihn der Andere rasch, indem er sagte: „Nach unserem Atelier willst du fragen. Das habe ich bamals bestens an Becker und Krauß vermiethet. Die treiben dort jetzt Landschafterei."

„Und —?"

„Deine Bücher und Skizzen meinst du? Ja, die habe ich alle in eine Kiste zusammen gepackt und für dich dort beponirt. Du kannst sie in Empfang nehmen, wenn du wieder einmal borthin kommst."

„Ich danke dir. — Aber —"

„Laß' mich, ich weiß, was du meinst, die kupferne Lampe, die unter der Veranda brannte. Ja, die habe ich als mein Eigenthum behalten und sie Becker und Krauß auf ihre landschaftlichen Seelen gebunden. Sie ist mein Eigenthum und ich glaube sie noch einmal unversehrt wieder zu finden."

„Das glaubst du?"

„Gewiß, und noch mehr," gab der kleine Maler mit seltsam bewegter Stimme zur Antwort. „Ich hoffe immer, sie soll uns später noch einmal leuchten."

„Das hoffst du?"

„Das hoffe ich. Und es ist mir gerade, als wenn ich voraus wüßte, daß es so kommen wird, daß die Augen, die lieben, lieben Augen, welche damals so froh und heiter in die leuchtende Flamme blickten, auch später noch einmal hineinschauen werden."

„Und du?"

„O ich werde dabei sein."

„Und ich?"

„Du," antwortete Wulf, indem er seinen Freund mit einem starren Blicke ansah, „du wirst auch nicht fehlen." Damit wandte er sich plötzlich um, trat ans Fenster und sagte darauf nach einer längeren Pause mit gänzlich ver= ändertem Tone: „Aber nun sage, wie es dir hier bei uns gefällt."

Der Tannhäuser, welcher seinen Freund kannte, wollte für jetzt keinen Versuch machen, das so plötzlich abgebrochene Gespräch wieder anzuknüpfen. Er sagte deßhalb: „In Ve= nedig ist es überall schön; ich wünschte dir nur ein bischen mehr Aussicht."

„Die habe ich draußen auf der Piazetta. Aber hier ist ein gutes Licht zum Malen."

„Und du bist fleißig? Laß mich deine Skizzenbücher sehen."

Bereitwillig rückte Wulf einen Stuhl an den Tisch und legte sein Skizzenbuch, sowie eine große Mappe darauf.

Der Tannhäuser sah alles ruhig und prüfend durch, er nickte häufig mit dem Kopfe und man bemerkte an seiner Miene, sowie an Blicken, die er zuweilen auf den Freund warf, daß er nicht nur befriedigt, sondern erstaunt war. Er durchblätterte aufmerksam das Skizzenbuch, dann die Mappe, worin sauber ausgeführte Aquarelle lagen.

„Du hast dich ja ganz geändert," sagte er nach einer Pause. „Du bist ein immenser Kerl geworden."

„Das kann man von dir leider nicht sagen," gab Wulf mit einem fast betrübten Blick zur Antwort.

„Auch sehe ich keinen einzigen Affenschwanz," fuhr Tannhäuser fort, der die Bemerkung Wulf's überhört zu haben schien.

„Sowie ich Joco dahin geben mußte, habe ich alle Lust verloren, Affenschwänze zu malen. Aber du siehst wenigstens, daß ich mein Pfund nicht vergraben. Gut," fuhr er in sehr ernstem Tone fort: „Wir wollen deine Vergangenheit in gewisser Beziehung nicht untersuchen. Aber der Funke Freundschaft, den ich für dich noch im Herzen habe, läßt mich meine Hände zusammenschlagen und ausrufen: Mensch, was hast du mit deinem großen Talente angefangen? Ist das alles bei der Frau Venus zu Grunde gegangen?"

Tannhäuser schüttelte lächelnd mit dem Kopfe, dann sagte er: „Sei unbesorgt, während ich dir und auch den

meisten Andern erschien versunken in Nichtsthun und Wohl=
leben, habe ich gearbeitet und gelernt, und du würdest nicht
minder erstaunt sein, wie ich beim Betrachten deines Skizzen=
buches und deiner Aquarelle, wenn du meine Bilder sähest."

„Aber ich sehe sie nicht," versetzte der kleine Maler in
bestimmtem Tone, „ich habe sie nicht gesehen und niemand
hat sie gesehen. — Du weißt, Richard," fuhr er im alten
vertraulichen Tone fort, „wie gut ich es stets mit dir ge=
meint habe, daß ich dein großes Talent erkannt, wie nie=
mand; du weißt ferner, daß ich Verstand und Einsicht ge=
nug habe, um mich richtig zu klassificiren. Woher kommt
es denn aber, daß der Name Wulf, wenn auch einen klei=
nen doch guten Klang hat, daß aber niemand den Namen
Tannhäuser kennt?"

„Das ist vielleicht richtig," gab dieser hastig zur Ant=
wort; „es ist mir das selbst schon schmerzlich und unange=
nehm aufgefallen. Doch kannst du nur von Deutschland
sprechen; dort bin ich leider freilich wenig bekannt; meine
Bilder sind meistens nach Amerika, nach England, nach
Rußland."

„Du sprichst zu mir die Wahrheit, gewiß Richard?"
fragte dringend der kleine Maler. Und dann setzte er im
Tone des Zweifels hinzu: „Du hast also wirklich Bilder
gemalt?"

„Nicht nur gemalt, sondern auch zu enormen Preisen
verkauft. Ich will dich überzeugen, so gut ich kann. Da

ließ." Er zog seine Schreibtafel heraus, nahm aus derselben einen Brief, den er damals von dem Kunsthändler ir B. erhalten, den er oft durchlas, den er wie ein Heiligthum mit sich herumtrug.

Wulf schaute lang und nachdenklich in den Brief, dann schüttelte er den Kopf und sprach: „Und das Bild des sogenannten Anfängers war von dir? Zu welchem Zweck aber spieltest du diese Komödie?"

„Einfach deßhalb, weil ich Bilder malte, mit denen ich nicht ganz unzufrieden war, die von Andern für vortrefflich gehalten wurden, die man mir gut bezahlte, die aber, wie schon gesagt, nach Amerika, England, Rußland gingen, um nicht nur spurlos zu verschwinden, sondern auch meinen Namen, wenigstens in Deutschland, ganz ungekannt zu lassen."

„Ah so!"

„Ich hatte einen Verdacht," fuhr der Tannhäuser finster fort, „der mich Tage lang wie wahnsinnig umher trieb. Konnte sie mit ihrem Gelde nicht meine Bilder aufkaufen, mir vergnügte Augenblicke dadurch machen wollen, daß meine vielleicht stümperhaften Arbeiten enorm bezahlt wurden? — Es war ein Gedanke, der mich beinahe der Verzweiflung nahe brachte."

„Ach, ich verstehe! Und deßhalb maltest du ein Bild und schriebst einen beliebigen Namen darunter?"

„Keinen Namen, nur ein P."

„Richtig. Darauf bezieht sich auch die Stelle in diesem

Briefe, wo der Kunsthändler sagt, du sollest künftig deinen Namen ausschreiben. Hattest du denn früher dein „Tannhäuser" nicht deutlich hingemalt?"

„Versteht sich."

Der kleine Maler zuckte mit den Achseln. „Bei alle dem ist es doch sonderbar," sagte er, „daß dein Name nicht bekannter geworden. Ich will sogar annehmen, nicht ein einziges deiner Bilder sei in Deutschland geblieben, was an sich schon beinahe unmöglich ist, so bleibt es doch immer unbegreiflich, daß von England oder von Rußland wenigstens dein Name nicht häufig genannt wurde. — Sage mir doch," fragte er nach einer Pause plötzlich, „hast du nie etwas von den Arbeiten eines russischen Malers Potowski gesehen?"

„Potowski —?" versetzte Tannhäuser und es flog ein Schatten über seine Züge. „O ja, dieser Name wurde schon einmal vor mir genannt und gerade damals, als ich jenes Bild ohne meinen Namen weggab. Der Bekannte, welcher es mir vermittelte, sagte mir nämlich, meine Arbeiten hätten eine große Aehnlichkeit mit denen des russischen Malers Potowski. Aber gesehen habe ich nie etwas von diesem. Sind dir Bilder von ihm bekannt?"

„Nur ein einziges, eine leichte Skizze, und zwar sah ich solches bei dem Kunsthändler B. in München, vor nicht langer Zeit. Nun fiel mir beim Betrachten derselben unwillkürlich deine Art zu malen ein. Es war deine Färbung, dein Pinselstrich, wie mir das von damals her noch in Erinnerung war. — Nimm mir nicht übel, daß ich eine harte Bemerkung mache, aber wenn du fleißig gewesen wä=rest, müßtest du malen wie dieser Potowski, dessen Arbeiten, wie man mir in München sagte, horrend bezahlt werden."

„Ich versichere dich, ich bin fleißig gewesen," erwiderte der Andere, „sehr fleißig." Er lehnte sich mit einem trüben Lächeln neben die Fensteröffnung und blickte an der dunkeln Mauer des Hofes empor. „Wahrhaftig, ich habe seit der Zeit viel gemalt, und daß dies nicht ohne Geschick geschehen ist, beweist dir vielleicht der Ausspruch jenes Kunstkenners, daß das Bild des Anfängers, das heißt mein Bild, wie von Potowski gemalt sei."

Der kleine Maler zuckte die Achseln, dann fuhr er sich mit seiner rechten Hand in sein dichtes Haar, als wolle er sich selbst ein wenig zausen, und bemerkte alsdann mit großer Lebhaftigkeit: „Ich bin überzeugt, daß du mir die Wahrheit sagst, denn was könnte es dich nützen, mich hin=ter's Licht zu führen! Aber etwas Räthselhaftes ist daran, das ist nicht zu läugnen. Wer besorgte denn gewöhnlich den Verkauf deiner Bilder?"

„Nun, dieser oder jener Unterhändler," erwiderte Tann=häuser gleichgültig; „Leute, die ich meistens gar nicht kannte; sie hatten Aufträge von hier und da, und — siehst du, Wulf, daß sich nie oder höchst selten ein Liebhaber meiner Bilder bei mir persönlich einfand, das gab mir oft zu den=

ken und brachte mich auch auf die Idee, jenen Versuch zu machen."

„Und was dachtest du eigentlich?"

„Ich dachte mir, meine Arbeiten seien schlecht und würden von ihr aufgekauft, um mich zu ermuthigen."

Der Andere lachte mit geringschätzender Miene; er wiegte seinen Kopf hin und her und sagte: „Falsch gedacht, grundfalsch. Verzeihe mir, wenn ich offen rede, aber in dem Verhältniß muß ihr alles daran gelegen sein, dich fest in der Hand zu behalten. Und das wäre ja für sie viel leichter, wenn du ein unbedeutender Künstler wärest, ein Stümper, Einer, der alle Ursache hat, die Hand dankbar zu küssen, die ihm sein Futter gibt — das weiß ich ganz genau, und deßhalb wird es einer Frau in den Verhältnissen nie einfallen, um dein Haupt einen künstlerischen Nimbus zu ziehen. Im Gegentheil; ich würde ihr eher zutrauen, daß sie alles aufböte, dich deines Glanzes als Künstler zu entkleiden, um desto sicherer den einfachen — schönen Menschen zu behalten."

„Du wirst mich doch besuchen?" unterbrach Tannhäuser das Gespräch, nachdem er einige Augenblicke tief nachsinnend zum Fenster hinausgeblickt und dazu an seinen Nägeln gekaut hatte. „Canal grande, Palazzo Pesaro. — Ich werde für dich immer zu Hause sein."

„Nein, nein," erwiderte lachend der kleine Maler, „du wohnst mir zu vornehm, und ich wüßte mich gar nicht zu benehmen, wenn dein Kammerdiener oder sonst irgend jemand mir sagte: Bitte einen Augenblick zu warten, ich will sehen, ob Seine Excellenz zu Hause ist. Ich glaube, ich lachte ihm ins Gesicht und eilte davon."

"Eigentlich hast du recht," sprach der Andere mit düsterer Miene. "Wo hast du dein Atelier? Wo malst du?"

"Mein Atelier?" fragte Wulf verwundert. "Nun," fuhr er gleich darauf heiter fort, "ich habe eigentlich das prachtvollste Atelier, dessen sich nur ein Mensch rühmen kann. Ist doch das ganze Venedig meine Werkstatt. Ich sage dir, da habe ich ein wunderbares Licht und Modelle von allen Sorten. Apropos und Scherz bei Seite, weißt du im letzteren Genre hier nichts ausgezeichnetes? Ich bin beauftragt, das Portal der Chiesa bei Miracoli zu malen mit einer Figur — siehst du, so groß — er wies das Maß mit den beiden Zeigefingern — und das kann ich nicht ohne Vorbild machen. Weißt du mir niemand Famoses dazu?"

"Nein," sagte Tannhäuser kurz. Doch setzte er nach einem augenblicklichen Stillschweigen hinzu: "Ich will dir die Figur malen, wenn es dir recht ist. Aber wo? Hier ist der Reflex von der dunklen Mauer dort gar zu störend. Wäre im Hause nicht noch ein anderes Zimmer zu bekommen?"

"Ich glaube ja, nebenan ist gestern eines frei geworden, wo ein Franzose tüchtige Architekturbilder gemalt. Wenn dem das Licht gut genug war, wird es am Ende auch für uns sein."

„Gut denn, überzeuge dich davon, ob das Gemach brauchbar ist, und ich werde zahlen, was verlangt wird."

„Es wird hier wohlfeiler sein als am Canal grande, im Palazzo Pozarro."

„Pesaro!" verbesserte der Taunhäuser. Dann fuhr er mit der Hand über die Augen und sagte: „Ich versichere dich, Wulf, die Idee mit dir wieder zusammen zu malen, kann mich ganz glücklich machen. Wenn ich da an vergangene Zeiten denke, wo auch —"

„Der kleine Joco da war," unterbrach ihn hastig der Andere. „Ja, das war eine famose, lustige Zeit, und auch ich werde mich freuen, dich wieder malen zu sehen. Bin ich doch begierig, ob du wirklich etwas profitirt hast."

Der Tannhäuser hatte über etwas nachgedacht, etwas überlegt und sprach nun: „Thu mir den Gefallen und laß mir eine Leinwand zurecht machen, so vier Fuß lang und zwei ein halb Fuß hoch. Farben und sonstige Geschichten schicke ich durch eine vertraute Person."

„Aha," meinte Wulf mit einem pfiffigen Lächeln, „wir werden also nicht wissen, daß wir auswärts malen."

„Ich habe meinen guten Grund dazu und werde ihn dir später mittheilen."

Es geschah denn auch so, wie die beiden Freunde abgeredet. Der Tirolese gab das größere Zimmer, welches ein gutes Licht hatte, bereitwillig her, doch machte er dabei einen Preis, der unverhältnißmäßig höher war als der,

welchen Wulf zahlte. Eigentlich sollte man sagen: verhält=
nißmäßig höher, denn er stand im Verhältniß zu dem neuen
Miether, und wer dieser neue Miether war, das hatte der
pfiffige Tiroler alsbald aus der Gegenwart des Gondoliers
Paolo gesehen, den er kannte und von dem er wußte, daß
er bei einer reichen russischen Herrschaft diente.

Da saßen die beiden Freunde denn nun wieder beisam=
men, der Tannhäuser hatte seinen Rock abgeworfen und
malte in Hemdärmeln an seinem Bilde. Dazu hatte er
lächelnd den fuchsigen Calabreser seines Freundes aufgesetzt
und fühlte sich heiter und froh wie lange nicht mehr. Täg=
lich leerte er die gefüllte Cigarrendose voll der vortrefflich=
sten Havanna auf den Tisch des kleinen Malers aus und
rauchte dafür dessen Rattenschwänze, die dieser in einem
obscuren Taballaden für 8 Centesimi das Stück gekauft.
Auch frühstückten sie häufig miteinander eine Flasche gewöhn=
lichen Weins, einige Schnitten Salami und etwas Käse, und
dazu brachte der Tannhäuser einen fast unglaublichen Hun=
ger mit.

Daß Wulf auf die Arbeit seines Freundes außerordent=
lich gespannt war, brauchen wir wohl nicht zu sagen. Er
hatte seine Staffelei so aufgestellt, daß er neben derselben
vorbei auf das Bild Tannhäusers blicken konnte, und brachte
mehr Zeit damit zu, dorthin zu sehen, als auf seine eigene
Leinwand. Tannhäuser hatte eine sehr flüchtige Skizze auf
Papier entworfen, deren Composition aber seinem Freunde

außerordentlich gefiel. Neben einer Brunnenschaale, über welche von allen Seiten das klare Wasser herabquillt, stehen zwei junge Mädchen, von welchen die Eine ein glänzendes Gefäß auf dem Kopfe trägt, in welchem sich die Andere lachend zu betrachten scheint. Rechts davon befindet sich eine Gruppe Kinder: ein Mädchen von vielleicht sieben Jahren läßt ihren kleinen Bruder aus der hohlen Hand trinken.

Die Composition hatte dem kleinen Maler, wie gesagt, außerordentlich gefallen, und als jetzt der Andere anfing in leichten, aber doch kräftigen Strichen auf die Leinwand zu zeichnen, dann an einzelnen Stellen ebauchirte, gewandt, wie spielend, ohne sich große Mühe zu geben, dabei beständig plaudernd und doch wieder keinen Pinselstrich umsonst machend, und wie das Ganze in kurzer Zeit so wunderbar herrlich, so frisch und wahr auf der Leinwand hervortrat, da betrachtete der kleine Maler öfter seinen Freund, hinter diesem stehend, kopfschüttelnd von oben bis unten und ging dann meistens schweigend und nachdenklich an seine eigene Arbeit.

„Wenn dir was nicht gefällt, so sag's frei heraus," meinte mehrmals der Tannhäuser. „Du siehst, ich male hier ohne das Modell vor mir zu haben und muß mich mit flüchtigen Studien behelfen."

Diese flüchtigen Studien, wie er es nannte, brachte er immer von Hause mit, aber da sie meistens die Stellungen, welche der Tannhäuser brauchte, auf's genaueste wiedergaben, so sah Wulf wohl, daß sie sein Freund gerade zu diesem Zwecke gemacht. Er war entzückt über diese Entwürfe und nebenbei gesagt, auch von der Schönheit der Modelle, welche seinem Freunde zur Verfügung standen. Dieser wollte aber nie zugeben, daß es Modelle seien. „Phantasieen," sagte er, wenn ihn der Andere bringend darum fragte. „Erinnerungen, die ich mir so, wie ich sie brauche, zusammentrage."

„Ich sollte fast glauben, daß du die Wahrheit sprichst," meinte Wulf, „denn es möchte wohl schwer sein, so viel Harmonie in einem weiblichen Körper vereinigt zu finden. — Und doch war eine, der ich alles das miteinander zugetraut hätte."

Der Tannhäuser gab hierauf keine Antwort, aber er machte hastig einige Striche an einem der weiblichen Köpfe, worauf er zurücktrat und seinen Freund vor das Bild treten ließ.

„Ah!" machte dieser, nachdem er hingeschaut. „Du hast das noch gut im Gedächtniß. Aber thu' mir den Gefallen und lösche diese Aehnlichkeit wieder. Sie thut mir weh. Du würdest sie doch beim fertigen Bilde nicht stehen lassen."

„Darin hast du recht," entgegnete hastig Tannhäuser. „Du weißt, wie oft ich sie früher gemalt, ja daß ich kein Bild vollendete, auf dem ich nicht ihrer reizenden Züge in irgend etwas gedacht. Aber später war es mir unmöglich, mir solche vor Augen zu bringen; ich habe es ein paarmal versucht, aber bin jedesmal vor meinem eigenen Werk erschrocken."

„Male fort, male fort!" sagte still und traurig Wulf. „Du hast recht, wecke ihr Auge nicht auf."

„So glaubst du auch, daß sie für uns todt und begraben ist?" fragte der Andere mit einem ängstlichen Blick.

„Für mich nicht," erwiderte Wulf, und dabei leuchteten seine Augen so eigenthümlich. „Mir schwebt sie Tag und Nacht vor in herrlicher Klarheit, und ich bin überzeugt, ich sehe sie irgendwo wieder. — O wie ich mich darauf freue!"

Der Tannhäuser machte ein paar leichte Striche an dem Bilde und jede Spur einer Aehnlichkeit mit ihr war verschwunden. „Weiter, weiter!" sagte er nach einer Pause.

„Ja, zum Teufel, was weiter?" lachte der kleine Maler. „Das möchte ich dich fragen. Apropos, gehen wir zu was Praktischerem über. Wie lange denkst du noch im Venusberg zu bleiben, schöner Tannhäuser?"

„Ich möchte ihn lieber heut als morgen verlassen."

„Und gehst doch übermorgen noch nicht."

Der Andere nickte mehrmal mit dem Kopfe. „Du hast vielleicht recht," sagte er, „es hält mich wie mit Ketten und Banden; es ist die süße Gewohnheit dieses Daseins."

„Frau Venus ist eine schöne Frau,
Liebreizend und anmuthreiche;
Wie Sonnenschein und Blumenduft
Ist ihre Stimme, die weiche,"

sagte Wulf. „Nicht wahr, es friert dich ordentlich, wenn du denkst, daß du wieder auf eigenen Füßen stehen mußt? Du bist schon viel zu lange in Capua geblieben."

Der Tannhäuser hatte ruhig fortgemalt, dann trat er einen Schritt zurück, betrachtete, und wie es schien mit Wohlgefallen, sein eigenes Werk und sagte alsdann, wie erhoben durch seine Kunst: „Du irrst dich, Wulf; ich spiele nur so mit meinem gegenwärtigen Leben. Es ist eine gefährliche Spielerei, aber ich werde die Fesseln, mit welchen sie mich zu halten trachtet, leicht abwerfen können, sobald es mir beliebt. Und gerade, daß ich die Kraft in mir fühle, ein anderes Leben anzufangen, wann ich will, morgen, übermorgen, das läßt mich die Gegenwart fort und fort ertragen, in ihr fortträumen."

„Du irrst dich selbst," entgegnete der Andere in sehr ernstem Tone. „Du wirst so lange fortträumen bis zu einem erschreckenden Erwachen."

„Sieh mein Bild an," sprach Tannhäuser mit Stolz. „Sage ehrlich, ob es dir gefällt. Nun gut, ich sehe an deiner Miene, daß mein Werk über deinen Erwartungen steht, daß selbst du zufrieden bist. Nun sage mir, brauche ich, der solche Bilder malt, ich, noch in voller Blüthe der

Jugend, ein Erwachen aus meinen Träumen zu fürchten? — Gewiß nicht."

Wulf gab eine Zeit lang keine Antwort, er sah dem Freunde zu, wie er malte, und sagte erst nach einem längeren Stillschweigen: „Und doch ist es ein Unglück, daß es mit dir so hat kommen müssen, daß gerade ein Talent, wie du, so — seltsam in der Welt bastehen muß. Glaube mir, Richard, so lieb es mir wäre, wenn dein Name mehr genannt würde, so bin ich doch wieder froh, daß es nicht geschieht. Ich habe immer noch eine gewisse Schwachheit für dich, und es schnitte mir ins Herz, wenn ich zum Beispiel hören müßte: So, das ist der Tannhäuser? — Ah ber? — Schade um das große Talent! — Höre mich an. Wie wäre es, wenn du der Frau Venus ein stilles Valet sagtest? Am Ende wäre ihr auch damit gedient."

„Ich glaube nicht," meinte Tannhäuser, indem er leicht mit dem Kopf schüttelte.

„Versuch' es einmal, bleibe ein paar Tage bei mir. Wer würde dich hier finden?"

„Pah, und wenn auch!"

„Du trittst ihr offen entgegen; du sprichst zu ihr: Madame, alles hat einen Uebergang. So sagte ja auch schon der Fuchs, als man ihm das Fell über die Ohren zog. — Nun, ich will Sie verlassen, ehe die öffentliche Meinung mir völlig etwas Aehnliches thut, wie Reinecke. Leben Sie wohl."

Dreizehntes Kapitel.

Der Tannhäuser lächelte eigenthümlich, aber es war ein trauriges Lächeln. — „O Wulf! Wulf!" rief er dann nach einer längeren Pause, „hättest du mich damals in jener Nacht — ich vergesse sie nie, es grollte ein schweres Gewitter am Himmel, — hättest du mich damals zurückhalten können, dann wäre alles anders gekommen. Jetzt ist es ja zu spät — o viel zu spät. In den beiden kleinen Häusern," fuhr er mit einem träumerischen Blick fort, der in weite Fernen zu schauen schien, „wohnt niemand mehr, der uns was angeht. Der Blumengarten ist verwüstet, es wächst jetzt dort nur Unkraut. Und die Lampe unter der Veranda leuchtet nimmer, nimmer, nimmer. — Ist nicht alles gestorben, verloren, unauffindbar verloren? — Weißt du, Wulf, ich habe Momente, wo ich anders denke, als ich jetzt spreche. Aber es sind nur kleine Augenblicke. Da sehe ich hinaus auf einen einsamen staubigen Weg, der vor mir dahinläuft und der mich bringend einladet, ihm zu folgen. Und dann treibt mich eine unendliche Sehnsucht fort und meine Phantasie fliegt über Berge und Thäler dahin, rastlos, immer zu, erregt und freudig. Denn in solchen Momenten weiß ich, daß ich finden werde, was ich suche. Aber wie gesagt, nur kurz sind solche Augenblicke; nur zu bald stürze ich aus der schwindelnden Höhe herab und bin alsdann in meiner dumpfen Betäubung so froh, daß mich ein weicher Arm zurückhält."

Wulf war den Worten seines Freundes mit Betrübniß

gefolgt; er sah wohl, daß er diesen schwachen Charakter von jeher richtig begriffen, und es war ihm, als müsse er sich Vorwürfe darüber machen, daß er damals nicht gewaltsamer gegen ihn aufgetreten sei.

„Wozu aber diese trüben Gespräche?" rief Tannhäuser mit einer erzwungenen Lustigkeit. „Wir sind ja noch jung, laß uns unsere Jugend genießen. — Und dann hat sie mir doch Fesseln angelegt, die schwer zu zerreißen sind. — Wie sagtest du vorhin? — Frau Venus ist eine schöne Frau!"

„Ja, ja, so habe ich gesagt," sprach der kleine Maler mit leiser Stimme. „Ich kann die Legende vom Tannhäuser besser auswendig, als du selber. Da ist noch ein Vers, der kommt unfehlbar hinter drein, und den wirst du auch noch kennen und begreifen lernen." Und darauf recitirte er:

„Wir haben zu viel gescherzt und gelacht,
Ich sehne mich nach Thränen,
Und statt mit Rosen möcht' ich mein Haupt
Mit spitzigen Dornen krönen."

Vierzehntes Kapitel.
Elise.

Marco war ein nicht minder vortrefflicher Gondolier als sein Collège Paolo. Und er wußte durch ähnliche Dienstfertigkeiten, nur anderer Art, das Vertrauen seiner Herrin im vollsten Maße zu verdienen. Er wußte nach den ersten acht Tagen schon genau die Stellen, von wo sie dieses oder jenes Bauwerk gern betrachtete, oder die Plätze, wo sie es liebte, auszusteigen, um eine halbe Stunde auf und ab zu promeniren. Auch bemerkte er ganz gut an ihren Mienen, wenn sie trüber Laune war und nichts sehen wollte, als die weite Wasserfläche mit ihren stillen Inseln, die häufig so im Dufte daliegen, daß sie aussehen wie eine Fata Morgana. Dabei war es zum Erstaunen, wie Marco den andern Tag so genau wußte, wo sein Collège Paolo den Tag vorher mit seiner Gondel und seinem Herrn gewesen war. Ja nicht nur schien ihm darin nichts verschwiegen zu bleiben, sondern er hatte auch eine außerordentlich schlaue Art, um diese Kenntnißnahme zu verwerthen.

Was mochte wohl der Tannhäuser in jenem kleinen Hause zu schaffen haben, das einem Tiroler gehörte, wohin er sich täglich begab und wo er sich alsbann mehrere Stunden aufzuhalten pflegte? Und daß er von seiner Zeit hier viel verbrachte, das ließ sich nicht läugnen. Auch kehrte er von da meistens heiter gestimmt nach Hause zurück. Wo er gewesen, hatte die Fürstin nie gefragt; sie war überhaupt klug genug, nie Aehnliches zu fragen. Auch hatte ihr der Tannhäuser keine Ursache zum Mißtrauen gegeben; er sprach offen über alles, was ihm begegnet; er lobte eine schöne Frau, die er gesehen, oder ein reizendes Mädchen mit nicht minderem Enthusiasmus als ein vortreffliches Bild; er erzählte häufig von dem malerischen Getreibe in den kleinen Kneipen der ärmeren Stadtviertel, die er nicht selten zu besuchen pflegte. Er hatte noch nie von dem Hause des Tirolers gesprochen.

Da die Fürstin aber endlich doch gern wissen mochte, warum er sich so häufig dorthin begebe und so lange dableibe, so hatte sie es sich eines Tages von Monsieur Ferrand erzählen lassen, der es ganz zufällig von Marco erfahren. „Der Herr malen dort nur ein Bild," hatte der alte Diener achselzuckend gesagt, und zwar offenbar mit einem bedauernden Gesichtsausdruck. Er hätte wahrscheinlich lieber etwas Anderes gemeldet.

Die Fürstin aber schien diese Nachricht für nicht ganz so gleichgültig und geringfügig zu halten. Warum malt er auswärts ein Bild? dachte sie. Warum verheimlicht er mir das? Will er sich ein Fundament zu einer neuen Zukunft legen?

Sie schritt eine Zeit lang unruhig und nachdenkend in ihrem Zimmer auf und ab, dann ließ sie Elise zu sich kommen und sprach lange und lebhaft mit ihr. Darin lag nun eigentlich nichts Besonderes, denn das kam häufig vor, wobei die Fürstin auf ihrem Divan lag und das junge Mädchen neben ihr am Boden, auf Kissen und Teppiche niederkauern mußte. Sie legte sich dabei mit Schultern und Kopf auf das Ruhebett ihrer Herrin, und dieser machte es Vergnügen, unter dem Plaudern das volle dunkle Haar Elisens aufzulösen, darin herumzuwühlen, es über ihre weißen Schultern und ihre Brust zu zerstreuen, dann ihre warme Hand bald hierhin, bald dorthin zu legen, was das junge Mädchen seltsam erschauern machte. —

Als der Tannhäuser eines Tages zu seinem Freunde kam, — sein Bild war so gut wie fertig — sagte ihm Wulf: „Da war heute Früh ein zudringlicher Kerl da, den ich mit aller Gewalt nicht davon abhalten konnte, deine Arbeit zu sehen, der sich für einen Kunsthändler ausgab und der trotz meiner Gegenrede die Thür öffnete und hier herein trat. Ich hätte ihn eigentlich zur Treppe hinab complimentiren sollen."

„Und was wollte er?"

„Nun, was will ein Kunsthändler, der sich ein eben fertig gewordenes Bild betrachtet? — Es kaufen, sobald es ihm gefällt."

„Und es gefiel ihm?" fragte der Tannhäuser mit Interesse.

„Die Frage kannst du dir wohl selbst beantworten, denn ich habe dir wohl schon ein dutzendmal gesagt, daß du da ein Werk geliefert hast. Du wirst verstehen, was ich für einen Unterschied mache zwischen einem Bild und einem Werke. Auch habe ich dir nie unnöthige Komplimente gemacht."

„Das weiß der Himmel! Und der Kunsthändler war deiner Ansicht?"

„Leider ja. Dieser Kerl wollte und will das Bild kaufen."

„Nun darin sehe ich gerade kein leider, im Falle nämlich, daß er es auch ordentlich bezahlt. Hast du ihm eine Forderung gestellt?"

„Ja. — Ich verlangte viertausend Gulden."

„In dem Fall," entgegnete lustig der Tannhäuser, „hast du ihn wirklich auf eine ziemlich feine Art zur Treppe hinab complimentirt. Denn," setzte er mit einem Blick hinzu, dem man ansah, daß er mit Interesse die Antwort seines Freundes erwartete, „bei deiner verrückten Forderung floh er davon, so schnell er konnte?"

„Nicht so ganz. Allerdings rief er: Corpo di bacco! dann aber fragte er, ob ich ihm den Kauf bis morgen offen halten wollte."

„Nun?"

„Ich wollte mich auf keine Verbindlichkeiten einlassen; denn — du siehst mich freilich mit so eigenthümlichem Blicke an, — aber — laß mich ausreden, ich habe, was das Bild anbelangt, eine andere Idee. Und dann — was ist dir im gegenwärtigen Augenblicke an viertausend Gulden gelegen! Bagatell für dich. Und was ich mit dem Bilde will, geschieht rein aus Freundschaft für deinen Namen."

„Darauf bin ich begierig."

„O es ist sehr einfach. Wenn du aber in dieser Richtung von mir eine große und brillante Rede erwartest, so hast du dich unendlich getäuscht. Also kurz und gut, du überlässest das Bild mir zur freien Verfügung, du fragst nicht darnach, ob und wann ich es verkaufe; du erlaubst mir, es zu dem Preise wegzugeben, der mir gut dünkt. Daß ich die dafür zu erhaltenden Gelder gewissenhaft für dich anlege, versteht sich von selbst. — Ja, lächle nur; du sitzest freilich bis über die Ohren im Ueberfluß, und ich muß anerkennen, du bist trotz deiner goldenen Fesseln in gewisser Beziehung ein freier Mann, — ein Gefangener, dem es deßhalb hinter seinen ruhigen Mauern so gut gefällt und welcher nur aus dem Grunde bleibt, weil er sagen kann: die Thore öffnen sich vor mir, so bald ich es verlange, heute, morgen, übermorgen. — Was können dir im jetzigen Augenblick viertausend Gulden bedeuten? Leinwand ist wohlfeil, Farben kosten auch nicht viel, und wir haben gesehen, daß es bei dir keiner langen Zeit gebraucht, um so etwas zu Stande zu bringen, wie es hier auf der Staffelei steht."

„Recht, du hast recht," versetzte der Andere, indem er sich gegenüber seinem Bilde an die Mauer lehnte und vor sich niedersah. „Deine Worte sind voll Logik und nebenbei angenehm für mich. Doch bin ich überzeugt, es kommt doch hinter allem dem ein gewichtiges Aber."

„Das will ich meinen, und sogleich," sagte fast lustig der kleine Maler. „Aber es kann auch die Zeit kommen, wo die viertausend Gulden ein nicht zu verachtendes Objekt sind, eine Zeit, wo du vielleicht einmal sagen wirst: dieser Wulf ist doch ein gescheuter Kerl gewesen."

„Gewiß, und ein treuer Freund," unterbrach ihn Tannhäuser mit gerührter Stimme, indem er die Rechte des kleinen Malers mit seinen beiden Händen faßte und herzlich schüttelte. „Also die Sache ist abgemacht: du behältst das Bild, du machst damit, was du willst, du legst es bei Seite —"

„Oder ich stelle es aus."

„Auch das; ganz wie du willst. Du kannst es behalten, du kannst es verkaufen, ganz nach deinem Belieben."

Der kleine Maler hatte, die Worte des Freundes mit Kopfnicken begleitend, auf das Bild geschaut, und als dieser schwieg, wandte er sich um, indem er sagte: „Und das alles gibst du mir schriftlich?"

„Du bist ja wie Mephisto; auch was Geschriebenes forderst du, Pedant?"

„Es ist für alle Fälle gut," entgegnete Wulf, sonderbar mit den Augen zwinkernd, „und da ich dich von damals her noch als einen guten Kerl kenne, der mit sich reden läßt, so habe ich das Nöthige über unsern schriftlichen Pakt schon aufgesetzt und will es dir vorlegen."

„In Gottes Namen denn, her damit!"

Wulf hatte aus der Brusttasche seines Rockes ein Papier hervorgeholt, das er behutsam auseinander faltete und es seinem Freunde darreichte. Der Tannhäuser blickte hinein und las alsdann lachend: „Im Monat Juli des Jahres 1856 malte der deutsche Maler Richard Tannhäuser im Atelier des Unterzeichneten ein Bild, vier Fuß hoch, zwei ein halb Fuß breit, zwei Mädchen an einer Brunnenschaale. Ich war bei dieser Arbeit gegenwärtig und kann mit den theuersten Eiden bekräftigen, daß ich zusah, wie besagter Richard Tannhäuser dieses Bild entworfen und gemalt."

Der Lesende schüttelte den Kopf und sagte: "Ja, was soll denn diese Geschichte eigentlich?"

Worauf Wulf zur Antwort gab: "Das sind nur Notizen für mich. Was dich angeht, folgt darnach."

Der Tannhäuser las weiter: "Das oben bezeichnete und von mir gemalte Bild übergab ich am heutigen Tage dem Maler Friedrich Wulf, indem ich ihm gestatte, mit dem Bilde zu machen, was ihm gut dünkt, so daß er es ausstellen kann, wo und wann er will, und ebenso verkaufen, zu welchem Preis ihm angemessen erscheint."

"Ich muß gestehen," lachte Tannhäuser, nachdem er zu Ende gelesen, "der Schluß dieses Dokumentes ist besser als der Anfang. Gib eine Feder, daß ich mein Handzeichen darunter male. — So," fuhr er fort, nachdem er seine Unterschrift breit und kräftig hingesetzt, "möge es mit dieser Arbeit nach deinem Gefallen gehen."

"Möge es das!" gab der kleine Maler nach einer Pause zur Antwort, während welcher er sein Papier sorgfältig verwahrte. "Und wenn es also geschieht, so wirst du später die schönsten Früchte davon ernten."

Er war bei den letzten Worten an seinen Freund hingetreten, hatte dem seine Rechte auf die Schulter gelegt und sprach mit einem eigenthümlich weichen Gesichtsausdrucke: "Als ich, nachdem ich einige Tage hier war, zufällig erfuhr, du seiest in Venedig, da war mein erster Gedanke, die Stadt sogleich wieder zu verlassen, da es ja möglich sei, dir zufällig zu begegnen."

„Und das erschien dir sehr peinlich?"

„Allerdings — sehr peinlich. Aber die winkligen Straßen, dies riesenhafte Labyrinth von Gäßchen und Kanälen beruhigte mich, bis — nun du weißt besser, wie du mich aufsuchtest, konntest aber damals nicht sehen, welcher Haß, welche — Verachtung mein Herz durchzuckte, als ich dich eintreten sah."

„Wulf!" rief Tannhäuser in ernstem, schmerzlichem Tone und machte zu gleicher Zeit den Versuch, zurückzutreten.

Doch hielt ihn der Andere fest. „Daß ich dir das jetzt sage, sowie mein Benehmen von der Zeit an gegen dich, muß dir ein Beweis sein, daß ich meine Gesinnungen geändert. Und so ist es auch, und ich änderte zwar meine Gesinnungen gegen dich an dem Tage, wo ich bei den ersten Strichen deines Bleistiftes sah, daß dich der Genius der Kunst nicht verlassen. Und da sagte ich mir, so lange der noch schützend die Hand über dich hält, kannst du nicht so tief gesunken sein, wie es den Anschein hat."

„Du sagst mir da herbe Sachen," gab Tannhäuser mit einem trüben Lächeln zur Antwort. „Aber ich kenne ja dein Wesen, ich bin überzeugt, daß du es gut und redlich mit mir meinst, und ich weiß ja," setzte er düster hinzu, „daß du annähernd ein Recht hast, so mit mir zu sprechen."

„Schon diese Ansicht ist etwas werth. Aber sage mir, Tannhäuser, hast du eine Idee davon, wann der Tag kommen wird, wo es dich drängt, aus dem schwülen Dunstkreis des bewußten Berges, der deine Sinne umnebelt und gefangen hält, wieder aufzusteigen in die frische fröhliche Natur, aus dem erschlaffenden, betäubenden Dufte hinaus zu uns, die wir im kühlen, duftigen Grase, am Ufer eines frischen, murmelnden Wassers ruhen und aufwärts durch leicht zitternde Blättermassen an den treuen, dunkelblauen Himmel schauen? — Aus dem verführerischen, gedämpften Scheine des einsam brennenden Lichtes hinaus an den goldenen Sonnenschein?"

„Ja, ja, sie kommt!" versetzte Tannhäuser hastig. „Und bald, bald. Es ist ein Ringen in mir, ein Drang, mich loszureißen, der immer gewaltiger wird und dem ich folgen will und muß — morgen, übermorgen. — Aber glaube mir, Wulf, du bist befangen, du urtheilst einseitig. Mein Leben ist kein so wüster Traum, wie du dir einbildest, wild wohl, aber frisch und entzückend. Es ist ein Zauber, gegen den ich schon vergeblich mit aller Kraft angekämpft, den ein Blick aus dunklem Auge, ein Wort aus lieblichem Munde wieder fester um mich knüpft."

„Du mußt ihn zerbrechen, indem du fliehest."

„Damals wäre das leichter gewesen," fuhr Tannhäuser träumerisch fort. „O hätte ich damals die ganze Gefahr überblickt, damals, als sie noch in der Nähe war! Ich hätte mich zu ihren Füßen geworfen, ihre Kniee umfaßt und gefleht — schütze mich! schütze mich! — Aber dieses schöne Weib," sagte er nach einer Pause, während welcher er die Augen mit der Hand verdeckt hatte, „hält mich fest in zweierlei Gestalt; man kann nicht müde werden ihr anzugehören, denn sie wechselt ihren Körper unbefangen, sorglos, sie läßt mich scheinbar dahin ziehen, da sie weiß, daß ich um so fester, mit um so glühenderer Lust wieder zu ihr zurückkehren werde. Sie hat ein Doppelleben in sich, ein dreies, ein vierfaches, wenn es ihr gut dünkt; sie bindet mich mit immer stärkeren Banden, da sie meine Ketten scheinbar muthwillig selbst zerreißt." —

>„Frau Venus ist eine schöne Frau,
>Liebreizend und anmuthreiche,
>Wie Sonnenschein und Blumenduft
>Ist ihre Stimme, die weiche,
>
>„Wie der Schmetterling flattert um eine Blum',
>Am zarten Kelch zu nippen,
>So flattert meine Seele stets
>Um ihre Rosenlippen."

sagte der kleine Maler mit leiser Stimme. „Ja, um viele Rosenlippen. — Ja, ich verstehe, wie sie deine Ketten zerreißt, um dich dadurch noch fester zu binden.

>„Tannhäuser, unglückseliger Mann,
>Der Zauber ist nicht zu brechen!

Doch genug davon. Wenn ich auch nicht hoffe auf ein langsames Lösen deines Verhältnisses, so hoffe ich doch auf die heilige Kunst, welche dich schirmend umgibt, auf den Genius, der in dir lebt, und hoffe vor allen Dingen auf irgend ein Ereigniß, welches wie ein Blitzstrahl deine schwüle Wetternacht durchreißt, dich aus deiner Betäubung aufrüttelt und dich vor gänzlichem Untergange bewahrt. — Ich hatte immer noch gehofft," setzte er hinzu, nachdem er eine Zeitlang dem Freunde in das finstere Angesicht gesehen, "du würdest vielleicht den Entschluß fassen, Venedig und alles zu verlassen und mit mir zu ziehen — wohin du wolltest, meinetwegen sogar nach Rom. Da du mich aber einen Blick in dein Inneres thun ließest, so sehe ich wohl, daß es unnöthig aufgewendete Mühe wäre, dich von hier wegzubringen. Du würdest nachdenkend, träumend folgen, vielleicht bis Mestre, vielleicht sogar bis Padua oder Verona, und dann würdest du dich plötzlich losreißen und umkehren. Ist's nicht so?"

Tannhäuser nickte schmerzlich lächelnd mit dem Kopfe.

"Was könnte ich dir auch versprechen?" fuhr Wulf fort. "Ja, wenn bei den Freunden alles beim Alten geblieben wäre, wenn ich wüßte, wie Vater und Tochter über uns denken, wenn die beiden kleinen Häuschen, wo wir ein so heiteres, vergnügtes Leben führten, noch unsere Heimat wären, ja dann würde ich dich mit aller Gewalt der Ueberredung von hier fortzuziehen versuchen und würde dir

merfort erzählen von der grünen Veranda, die wir nach
Tagen oder Wochen wiedersehen würden, von dem Lichtschein, der durch die Blätter blitzt, von ihrem erstaunten
und erfreuten Auge. — Das kann ich aber jetzt nicht, und
um dich, mein Freund, mir nachzuziehen, wie ich es thun
will und muß, soll ich erst nachsehen, was aus den Freunden geworden. Wenn ich dir schreibe, daß sie dich herzlich
willkommen heißen, willst du alsdann meinem Rufe Folge
leisten?"

„Ja, ja, ich will, ich will gewiß," entgegnete hastig der
Tannhäuser. „Aber," fuhr er nach einer kleinen Pause
fort, „warum sprichst du wie ein Abschiednehmender?"

„Weil ich es in der That bin, weil es mich von hier
forttreibt, weil ich noch mehr von der Welt sehen will
und muß."

Der Andere machte einen raschen Gang durch das
Zimmer, blieb dann einen Augenblick mit verschränkten
Armen vor seinem Bilde stehen und sagte: „Und das
packst du ein und nimmst es mit? — Eigentlich hast du
recht; du hast Venedig gesehen, du hast deine Studien gemacht, du bist ein glücklicher freier Mensch, und da dich
nichts mehr hier zurückhält, so schnürst du dein Bündel
und ziehst davon."

„Ja, ja, frei wie der Vogel in der Luft, wenn auch
nicht ganz so zufrieden und glücklich," gab der kleine Maler
zur Antwort. Und damit nahm er die beiden Hände des

Freundes in die seinigen. „Du gehst also nicht mit mir? — Gut, ich bringe nicht weiter in dich. Aber sage mir, wo wir uns bestimmt wiederfinden, wenn uns das Schicksal nicht früher zusammenführt."

„Das ist nicht so ganz leicht zu bestimmen," sagte der Tannhäuser; „unsere Interessen sind ja leider nicht mehr die gleichen."

„Und treffen doch, hoffe ich, in einem Punkte zusammen, — in der Kunst, Richard."

„Ja, ja, in der Kunst. Gott erhalte mir den Sinn für diese."

„Nun gut, wenn es dir damit Ernst ist, so wollen wir uns nächsten Herbst in München treffen. Dort ist im Monat September die allgemeine Versammlung deutscher Künstler, wohin es dich natürlicherweise auch zieht, und ist doch die Sache selbst ein genügender Vorwand, um dir Urlaub zu einer Reise zu verschaffen," setzte Wulf mit leichtem Spott hinzu. Er sprach aber dieses Wort gewiß nicht in der Absicht aus, seinen Freund zu kränken, sondern es war seine Art so, sich selbst und Andere aus einer weichen Stimmung, in welche man zu zerfallen dachte, empor zu stacheln.

„Gut, ich komme," sagte Tannhäuser entschlossen, indem er dem Freunde die Hand darreichte. „Natürlicher Weise vorbehältlich, daß die mächtige Hand über uns nicht ein anderes gebietet."

„Versteht sich von selbst," erwiderte launig der kleine Maler. „Doch werde ich mich selbst in diesem Falle bemühen, dir als Geist zu erscheinen."

„Und nun denn, Friedrich, ohne weitern Abschied."

„So sei es, Richard, leb' wohl." — — — — —

Wulf verließ wirklich einige Tage nachher Venedig, ohne seinen Freund nochmals gesehen zu haben, doch ließ er ihm durch den Tirolese einen Brief zustellen, in welchem er schrieb: „Es ist gut, daß ich mit deinem Bilde das Weite gesucht habe. Jener Kerl, den ich mit meiner von dir so genannten närrischen Forderung von viertausend Gulden abzuschrecken gedachte, stellte sich noch ein paarmal ein, schien in deine Arbeit völlig vernarrt und bot mir bis zu sechstausend Gulden. Wohlfeiler werde ich nun auch später deine Arbeit nicht hergeben, und du siehst nun, welch' immenses Kapital du immer noch zu erwarten hast, wenn du auch mit all' deinen jetzigen Glücksgütern Schiffbruch leiden solltest. Denke an Raimunds wunderbares Märchen, du selbst ein Verschwender, und nimm mich für jenen zudringlichen Bettler, der dir einstens wieder erscheinen wird, hoffentlich aber nicht auf den Trümmern deines Lebens. Addio!"

Nur ein einzigesmal hatte die Fürstin angespielt auf die Zusammenkünfte im Hause des Tirolese, und zwar mit lächelndem Munde und dabei scherzend gesagt: „Bei

alle dem, Richard, war es unrecht von dir, daß du mir
das Bild nicht zeigtest, welches du dort gemalt, daß du es
mir verheimlicht hast, deiner treuesten und aufrichtigsten
Verehrerin. Es soll sehr schön geworden sein. Wo hast
du es gelassen?"

„Ich gab es meinem Freunde, jenem kleinen Maler,
dessen du dich wohl noch erinnerst aus meinem Atelier."

„Ah, der damals das komische Affenbild malte! O ich
vergesse nicht das Geringste aus jener Zeit."

„Ich mußte einmal ein Bild malen, um es unter meine
deutschen Freunde zu bringen. Habe ich doch genug Arbeiten ins Ausland verkauft zu hohen Preisen, bin von
meinen Käufern höchlich belobt worden, ohne daß es mir
aber gelungen wäre, meinen Namen bekannt zu machen.
Das fängt an mich zu drücken."

„Und weßhalb?" fragte die Fürstin leichthin. „Schätzt
doch jeder deine Bilder, der sie sieht, und bist du auch um
Abnehmer nie verlegen gewesen."

„Allerdings, wenn das das Endziel aller Wünsche eines
Künstlers ist, so könnte ich mich zufrieden geben. Aber
hast du keine Idee davon, wie Großes, wie Erhabenes,
wie Glücklichmachendes darin liegt, sich einen Namen zu
machen, einen gefeierten Namen, bei dessen Nennung man
sagt: Ach ja, er, sollten wir ihn nicht kennen? — Ich
kenne kein Glück des Lebens," setzte er verdüstert hinzu,
„keines — keines, keine Freude des Daseins, die je ein

solches Gefühl des Gekannt- und Geehrtseins aufwiegen
könnten. — Aber ich scheine davon noch weit entfernt
zu sein."

„Und doch werden auch darin deine Wünsche noch be=
friedigt werden."

„Ich hoffe es," versetzte Tannhäuser kurz und heftig,
„denn sonst möchte ich nimmer leben."

Die Fürstin brach das Gespräch ab, sie blickte vor sich
nieder, sie schien über etwas nachzusinnen, sie lächelte eigen=
thümlich, dann sagte sie mit einemmale: „Ich habe gestern
ein Schreiben von Portinsky erhalten."

„So," machte der Maler in gleichgültigem Tone.

„Er schreibt mir von Rom. Immer noch derselbe
Phantast, der alte Mann mit dem viel zu heißen Herzen."

„Er schreibt von Rom?" sagte Tannhäuser, mit einem=
male aufmerksam geworden. „Was macht er da?"

„Was er dort macht? — Eines Theils was alle Be=
sucher thun, die nach Rom kommen: Merkwürdigkeiten alter
und neuer Zeit anschauen, Kirchen und Museen besuchen.
Andern Theils aber — es ist eigentlich zu lächerlich!"

„Nun?"

„Hatte er bis Rom die Spur jener jungen Italienerin
verfolgt — du erinnerst dich gewiß ihrer? — Diese Spur
aber in der großen Stadt verloren."

Der Tannhäuser athmete sichtlich auf.

„Jetzt aber schreibt er, er habe sie wieder gefunden —

die Spur und dann das Mädchen selbst, er ist entzückter
über sie als je, er sagt mir, der Name, den ihr Vater und
sie in Deuschland geführt, sei nur ein angenommener ge=
wesen, sie wäre von einer guten, alten Familie, und zwi=
schen den Zeilen seines Schreibens lese ich, daß er, der
alte Fünfziger, toll genug sein wird, dem jungen Mädchen
seine Hand anzubieten. Ist das nicht förmlich ridicul? —
Wenn ich mir denke, daß mir eines Tages der Graf und
die Gräfin Portinsky gemeldet werden!"

Wir sind im Stande, über ein kleines Leid, das uns
betrifft, über eine Nachricht, die uns verletzt, außer uns zu
gerathen, uns in heftigen Reden über das Für und Wider
auszulassen, uns in einen völlig fieberhaften Zustand zu
versetzen, der den Ausgangspunkt unseres Kummers voll=
kommen verrückt, der uns exaltirt, weil er uns zu Folge=
rungen veranlaßt, wie eins sich immer trauriger, immer
schmerzender aus dem Andern entwickeln könnte. — Und
dagegen sind wir wieder im Stande, ein tiefes Leid, das
plötzlich über uns hereinbricht, das wir auf einmal in gan=
zer, entsetzlicher Gestalt vor uns stehen sehen, mit einer
stoischen Ruhe, mit einer an Gleichgültigkeit grenzenden
Kälte aufzunehmen.

So ging es dem Tannhäuser; so erschien er wenigstens
äußerlich; seine Lippen hatten freilich ein wenig gezuckt
als die Fürstin fast spottend den Namen der Gräfin Por=
tinsky genannt. Er hatte darauf die Zähne fest aufein=

Vierzehntes Kapitel.

anber gepreßt, er hatte den furchtbaren Schlag mit einemmale erhalten, unvorbereitet, er hatte ihn ausgehalten, er fühlte sich nur eine Secunde von ihm niedergedrückt und konnte darauf ruhig lächeln und die Antwort geben: „das wäre allerdings außerordentlich komisch."

Als er dann einige Zeit darauf aus dem Zimmer ging, sah er allerdings ein wenig bleich aus, doch sagte er im Weggehen ein paar Worte mit solcher Ruhe, daß ihm die Fürstin erstaunt nachblickte. Wie es aber in seinem Innern aussah, davon hätte die kleine Gondel erzählen können, in welche er sich hinein warf, deren Vorhänge er zusammenzog und die nun mit ihm, einem starr vor sich Hinbrütenden, durch unbesuchte öde Canäle fuhr. Paolo versuchte es mehreremale, zu seinem Herrn hineinzuschauen, und wenn ihm das nicht gelingen wollte, so setzte er kopfschüttelnd seine Fahrt fort. Endlich aber, als es schon Abend wurde und der drinnen immer noch kein Zeichen zur Rückkehr nach Hause oder zum Anhalten gab, ließ der Gondolier nicht ohne Absicht sein leichtes Fahrzeug etwas stark an irgend eine Treppe anstoßen, in deren Nähe sie sich gerade befanden, schritt auf den Rand nach vornen und bat um Befehle.

Der junge Maler lag noch immer ausgestreckt in den Kissen, den Kopf auf die Hand gestützt, so daß sich seine Finger tief in sein volles blondes Haar vergruben, und selbst das heftige Anstoßen der Gondel war nicht im Stande gewesen, ihn aus seinen schmerzlichen Träumereien zu erwecken. Wie hatte er sich in diesen langen Stunden selbst gequält, wie hatte er die Vergangenheit in ihren kleinsten Einzelnheiten nochmals durchlebt, wie hatte er sich die Zukunft vor Augen geführt, seine und ihre, wie hatte er sein Herz zerfleischt mit tausend Nadelstichen, mit tausend sein zugespitzten glühenden Gedanken, mit denen er in einem wollüstigen Schmerze sein Inneres zerriß! — Jetzt richtete er sich empor, er strich sein Haar aus der Stirn, richtete sich in die Höhe und befahl Paolo, nach Hause zu rudern.

Dort angekommen stieg er langsam die Treppen hinauf und hörte es kaum, als ihm der Portier meldete, die gnädige Frau sei vor einer halben Stunde ausgefahren. Er nickte mechanisch mit dem Kopfe, und als er oben in das weite Vestibul trat, that ihm die Stille und Dunkelheit, welche hier herrschte, so wohl, daß er sich gerne niedergelassen hätte, doch hatte ihm Monsieur Ferrand bereits nach seiner Gewohnheit mit einer tiefen Verbeugung die Thüre zum Salon geöffnet, weßhalb er dort eintrat.

Es war am Abend für ein glückliches Herz hier immer unbeschreiblich schön; die hohen Bogenfenster standen weit offen und ließen die kühlere Meerluft hereinstreichen; dort über der Giubecca war der Himmel glänzend goldig angestrahlt, und die Formen der mächtigen Kirche von Santa Maria bella Salute, sowie weiter links die Kuppel von San Giorgio Maggiore standen dunkel und in noch impofanteren Formen auf dem leuchtenden Abendhimmel. Auf die Canäle senkte sich schon die Nacht herab, und die gegenüberliegenden Paläste des Canal grande erschienen schon in ihren Einzelnheiten unkenntlich; überall sah man Fenster geöffnet; hier und dort hörte man die leisen melancholischen Klänge einer italienischen Volksweise oder ein Bruchstück aus irgend einer beliebten Opernarie, und in der dunklen Häuserreihe blitzten jetzt häufig Lichter auf. Dazwischen war es rings umher so still, daß man deutlich jeden Schlag des Ruders hörte, wenn eine Gondel unten vorüberfuhr, ebenso das Lachen und Plaudern der darin Sitzenden, sowie den noch so leise angeschlagenen Ton einer Mandoline, der sich auch zuweilen vernehmen ließ.

Der Tannhäuser lehnte an der Einfassung des Fensters, er hatte die Stirne an den kalten Stein gedrückt, und dieses so sanfte, allmälige stillzufriedene Einschlummern der großen Stadt, das sonst wohl im Stande gewesen war, eine ernste Ruhe über sein Herz zu verbreiten, preßte ihm heute beinahe Thränen des tiefsten Schmerzes aus. Namentlich durchzuckte es ihn wild, wenn irgendwo wieder zwischen dem Grün einer Veranda oder eines Balkons ein Licht aufblitzte, und dann zog er den Athem kurz und heftig an sich, daß es klang wie ein leichter Aufschrei, wie ein unterdrücktes Schluchzen. O hätte er nur eine Menschenseele gewußt, der er sich hätte mittheilen können, ein freundliches Herz, in das er seinen tiefen Kummer hätte niederlegen können! —

„Jo ti voglio ben assai,
Ma tu non pens' a me!"

klang es mit einemmale aus dem Nebenzimmer halb gesungen, halb gesprochen. — Er kannte die Stimme wohl und auch die Worte. Es war der Refrain eines Liedes, das er von den Gondolieren unzähligemal gehört, das er nie beachtet, das aber jetzt dicht in seiner Nähe so innig, so leise und fast flüsternd vorgetragen, in seiner gegenwärtigen Stimmung eine unbeschreibliche Wirkung auf ihn hervorbrachte. Es riß ihn aus seinen Träumereien, es trieb ihn an die Thüre des andern Gemachs, und als er dort die schwere Portiere aufhob, hätte er im Halbdunkel, welches in dem Zimmer herrschte, kaum die Gestalt Elisens unterscheiden können, die auf dem Divan der Fürstin ruhte und sich bei seinem Eintritte rasch erhob, wenn ihm nicht eine vor dem Hause plötzlich aufflackernde Gasflamme zu Hülfe gekommen wäre, welche das Gemach mit einem sanften, unbeschreiblich wohlthuenden Lichte erfüllte.

„Bleibe, bleibe!" sagte er hastig, wobei er sich dem jungen Mädchen näherte und sich an ihrer Seite niederließ. „Sing' dein Lied nochmals, oder nur den Refrain desselben; er klingt so mild, so beruhigend; er tönt wie eine Klage, die wir gern beantworten möchten, indem wir ihr, welche sie singt, zu Füßen stürzen und ihr sagen: Nein, nein, du thust mir Unrecht, ich denke an dich nicht täglich, nicht stündlich, sondern bei jedem Athemzuge. Denn an dich zu denken ist mir ebenso Bedürfniß als die Luft einzuathmen. — O Elise," unterbrach er sich, während er ihre Hand ergriff, „laß mich zu dir reden, laß mich dir etwas von meiner Vergangenheit erzählen, laß mich dir erklären, wie sehr der Refrain deines Liedes auf mich paßt:

„Ich liebte sie von Herzen,
Doch sie denkt nimmer mein!"

O bleibe ruhig, laß mich mein Gesicht etwas zu dir niederbeugen, daß ich leise flüsternd mit dir sprechen kann. — So — laß deine Hand an meiner heißen Schläfe liegen, deine Finger sind so kühl, sie werden mein Blut besänftigen."

„O nein, nein!"

„Nun laß mich dir erzählen," fuhr er mit leiser Stimme fort, „gewähre mir die Seligkeit, meine wilden Gedanken in deine ruhige kindliche Seele niederzulegen. — Du wirst mich verstehen."

„O nein, nein, ich darf und soll das nicht verstehen."

„Und möchtest doch, Elise. — O höre mich!"

Und dann erzählte er ihr mit hastigen Worten und erregter Stimme von seinem früheren Leben und von ihr, von dem kleinen Häuschen, wo er gewohnt, von der Ve-

ranba und von ihr; von den wunderbaren Sommer-
Abenden, von dem Lichte zwischen dem Grün der Blätter
und von ihr, immer wieder von ihr. Und dabei malte er
so glühend und heiß, wie er sie geliebt, und wie ihre
Blicke auch ihm gesagt, daß er ihr nicht gleichgültig sei,
wie diese Blicke zu ihm gesprochen hätten, ihn mächtig angezogen, und wie er oftmals, aber nur in seinen Träumereien, ihr zu Füßen gestürzt sei, — so, so, sie wild und
verlangend in seine Arme gerissen. — Ja, wild und verlangend, — unwiderstehlich — glühend. — Elise! —
Elise! —

Während er dem jungen Mädchen so erzählte, trat der
eigenthümliche Ausdruck der Ueberraschung auf ihrem Gesichte immer stärker hervor, wobei ihr Auge flammte und
sich ihre Lippen zuckend öffneten. Doch als dieser Ausdruck den höchsten Grad erreicht hatte, verschwand er ebenso
plötzlich wieder und machte dem Zuge eines Leides Platz,
der sich nun wie eine Art Ermattung auf ihrem Gesichte
lagerte, — als er nun mit ruhiger, obgleich bewegter
Stimme weiter erzählte von jenen Tagen, wie das Schicksal sie von einander gerissen und wie er nichts mehr von
ihr gehört, bis ihn heute jene Nachricht, welche ihm die
Fürstin mitgetheilt, wie ein Donnerschlag getroffen.

Wie hatte er in seinen selbstquälerischen Träumereien
heute Nachmittag diese Nachricht von allen Seiten betrachtet,
das Für und Wider überlegt, um am Ende immer und

immer wieder zu dem furchtbaren Resultate zu gelangen, das in den wenigen Worten der Fürstin lag: so können wir es denn erleben, daß sich eines Tags der Graf und die Gräfin Portinsky bei uns melden lassen. — Sie, die blühende Franceska, die Frau jenes ihm verhaßten alten hinfälligen Mannes! Dieser Gedanke brachte ihn immer und immer wieder zur Verzweiflung. Und lag eine Unmöglichkeit darin? Gewiß nicht. Hatte er vielleicht ein Recht, irgend eine Rücksicht von dem jungen Mädchen zu verlangen, dessen Herz er so tief gekränkt, die er so muthwillig, so leichtsinnig verlassen?

So mußte es denn sein, und so mußte es sich erfüllen, worüber er schon früher in finsteren Augenblicken gegrübelt, das er aber lachend, auf ein unverdientes Glück bauend, weggescheucht. Und nicht nur der an sich schon furchtbare Schmerz über die Gewißheit ihres Verlustes war es, was sein Herz zerrissen, nein, die lichte Gestalt des jungen und reinen Mädchens hatte ihm immer vorgeschwebt wie ein verkörpertes Bild seiner eigenen Zukunft, zu welcher er vielleicht immer noch im Stande sei, sich durch Arbeit, durch Noth und Trübsal hindurch zu ringen. Sie war ihm in schönen Träumen erschienen, wie ein heiliger Altar, vor dem er nicht im Staube niederknien werde, auf ihn das Bekenntniß seiner Fehler, seiner Sünden, seiner Buße niederlegen, von dem herab er auf ein verzeihendes Wort hoffte. — Jetzt war alles vor ihm dunkel und mächtig um-

zogen; ihm schien kein Tag mehr dämmern zu sollen, er
sah keine rettende Hand mehr, die sich ihm darbot, um ihn
hinauszuführen aus dem schwülen Dunstkreis des Zauber-
berges, er sah in diesem Augenblicke kein liebes Bild mehr,
das seine Sinne stärkte, die umnebelt und gefangen waren,
kein süßes Lächeln, das ihn emporzog in die frische, fröhliche Natur, um dort anbetend und bereuend niederzusinken. —

Selbst das heilige Gebilde der Kunst, das ihn so oft
getröstet, das ihn so oft mit neuen Hoffnungen belebt, schien
jetzt fernab von ihm zu schweben mit verhülltem Angesichte.

Fünfzehntes Kapitel.
Auf der Ausstellung.

Es ist etwas Eigenthümliches um so eine große Kunstausstellung, da in einem Raume beisammen zu finden, was größere und kleinere Meister innerhalb hundert Jahren auf verschiedenen Punkten der deutschen Erde gemalt und von dem sie nicht gedacht, daß es sich, mit all' den andern vereinigt, eines Tags im Glaspalast zu München zusammenfinden würde. Dabei kann man sich wohl vorstellen, daß es vielleicht den wenigsten der Künstler angenehm gewesen wäre, wenn man ihnen bei Schaffung ihrer Werke gesagt hätte, daß diese nach so und so viel Jahren von der stillen Wand, wo sie so lange Zeit behaglich geruht und geschlummert, nun auf einmal wieder in die Oeffentlichkeit treten sollten, eine neue Jugendzeit durchmachen, sich damals anstaunen zu lassen, als sie noch in frischen Farben auf der Staffelei ihres Erzeugers standen, und der Herr A. die Madame B., Madame B. den Herrn C. und der Herr C. den Herrn Baron mit seiner Familie dem sich tief verneigenden Maler vorstellten, welche alle gekommen waren, um das reizende Bild, von dem man so viel Wunderbares gehört, anzustaunen und zu sagen, was sie in der letzten Kunstkritik darüber gelesen.

Ja, daß es so einem jungen Bilde Vergnügen macht, von allen Seiten betrachtet und bewundert zu werden, das kann man sich schon denken, aber ebenso natürlich und begreiflich ist es auch, daß sich ein altes Gemälde, welches viele Jahre in gemüthlicher Ruhe die Zierde irgend eines stillen Gemaches gewesen ist, dort meistens nur bekannte Gesichter gesehen, nun auf einmal ausgestellt wird den Blicken Tausender ganz wildfremder Menschen, nun sehr unbehaglich fühlt, verdrießlich, dunkel und finster dreinschaut.

Für den Besucher haben diese Kunstabfütterungen en gros auch etwas Beengendes, Unbehagliches, Uebersättigendes. Wenn man eintritt, so ist es, als käme man in einen großen Salon, wo man unter einer Anzahl fremder Leute ein paar bekannte Gesichter findet, zu denen wir uns auch mächtig hingezogen fühlen, das andere Gewühl scheu von der Seite betrachten und so viel kostbare Zeit verlieren. Erst nach und nach sind wir im Stande, die genaue Bekanntschaft all' dieser renommirten Herrschaften zu machen, und da wir doch für jeden etwas Geistreiches wenigstens denken müssen, so fühlen wir uns in kurzer Zeit körperlich und geistig ermüdet. Am Ende blicken wir seufzend auf die enorme Enfilade von Zimmern, die wir noch durchwandern müssen, und fühlen dabei mit tiefer Betrübniß, daß wir künstlerisch schon so gesättigt sind, daß nur eine ganz pikante Speise im Stande ist, uns ein klein wenig aufzuregen.

Und so ist es dem gewöhnlichen Strom von Besuchern großer Gemäldegallerien tagtäglich zu Muth, Leuten, die aus Pflichtgefühl ihr Abonnement ausnützen, die alles gesehen haben wollen, um darüber sprechen zu können, oder der Schaar jener Unglücklichen, die über das, was sie erschaut oder nicht erschaut, ein kunstrichterliches Urtheil schriftlich abzugeben genöthigt sind.

Da wir nun aber einmal da sind, unser Eintrittsgeld bezahlt und unsern Stock in Verwahrung gegeben haben, so schlagen wir seufzend den Katalog auf und fangen gleich rechts an der Thür an: Nr. 440. Die Erstürmung Erfurts durch die Türken oder so etwas. — Wenn es nur ein Mittel gäbe, um unsere Gedanken von all' den wunderbaren und schönen Bildern abzubringen! Unsere armen Augen ausruhen zu lassen von dem wilden Durcheinander all' der Farben, all' der verschiedenartig gemalten Physiognomieen, all' der Wasserfälle und Waldeinsamkeiten, all' der Kühe und Esel, all' der goldenen Rahmen! Und doch gibt es ein

Auf der Ausstellung.

Mittel, dies zu bewerkstelligen, und dazu in gewisser Beziehung noch ein nutzbringendes. Dort vor dem großen Gemälde steht ein Sopha, das immer besetzt ist von Zuschauern. Setzen wir uns dahin, nehmen eine aufmerksame Haltung an, schlagen ein Bein über das andere, die Arme ebenfalls und starren mit etwas gesenktem Kopfe und vorgeschobener Unterlippe inbrünstig auf das Gemälde. Man wird uns, den Kunst-Enthusiasten, belächeln, aber unser Zweck ist erreicht: man hat unsere Ohren vergessen, wir sind eine Art Leimruthe, an der alle möglichen Gespräche unbemerkt hängen bleiben.

Da treten Zwei dicht auf uns zu, er stützt sich auf das Sopha, auf dem wir sitzen, sie lehnt sich an ihn, und Beide schauen nicht nach unserem Bilde, sondern nach einer daneben hängenden beliebigen Waldnymphe, welche vorsichtig die Zweige der Büsche auseinander zieht und die Spitze ihres Fußes in ein klares Wasser taucht.

„Ich kann von dem Bilde nicht wegkommen," sagt er, „und wenn ich ein reicher Mann wäre, würde ich es kaufen."

„Ach geh doch!" gibt sie kaum vernehmlich zur Antwort.

„Wahrhaftig, sei doch nicht so kindisch. — Ich sage dir, das ist eine Aehnlichkeit, die ganz wunderbar ist; man könnte glauben, du habest dem Maler zum Modell gesessen."

„Ah! das bitte ich mir aus!"

„Es ist aber doch so; dein Gesicht, die Haltung deines Kopfes — wunderbar ähnlich. Und alles — alles!"

Sie treten hinweg, und es ist uns nicht zu verdenken, daß wir den Kopf herumwenden, um dem wirklich hübschen Mädchen nachzusehen, das in allem der Nymphe da oben so ähnlich sieht.

„Weißt du," spricht eine tiefe Baßstimme neben uns, „das Urtheil eines Kunstverständigen thut nie weh; aber wenn ein solcher Vandal, wie jener Kerl, vor meiner Landschaft steht und zwei Schritte von mir von spinatgrünen Bergen spricht, wozu die Sonne in ihrem Eiergelb vollkommen passe, da könnte man rasend werden und sollte es verschwören, je wieder für die deutsche Nation zu arbeiten. Diese weichen, duftigen Abendtöne spinatfarbig zu nennen. Es ist zum Aufhängen."

Das Letztere würde der Sprecher mit Leichtigkeit haben erreichen können, denn die strickartige Binde um den nackten Hals hätte man nur in irgend einen Haken einzuhängen gebraucht. Im Uebrigen sieht der Träger derselben in seinem Anzug etwas abgeschabt aus, hat ein finsteres, eingefallenes Gesicht, trägt sehr langes Haar und hält einen kuhbraunen Calabreser zusammengedrückt unter dem linken Arm. Er und der Andere, mit dem er spricht, thun übrigens nur so, als betrachten sie das Bild, vor dem wir sitzen, oder die bewußte Nymphe; in Wirklichkeit schauen sie immer dahin, wo die Landschaft mit den spinatfarbenen Bergen hängt, und wenn von all' den vielen Menschen, die dort vorüber gehen, nur ein Einziger einen Augenblick vor

Auf der Ausstellung.

der eiergelben Sonne stehen bleibt, so zieht der mit dem langen Haar die Brauen hoch empor. Aber es beißt selten Einer an auf das saftige Grün, und endlich ist auch der unglückliche Urheber jenes bekannten Bildes verschwunden.

In einer Kunstausstellung sind am unerträglichsten die großen Gesellschaften beiderlei Geschlechter, die sich zusammengethan haben, um gemeinsam zu genießen, und die sich das Wort gaben, ihren Mitleidenden keine Nasen= oder Bajonnetspitze, keinen Sonnenstrahl und keinen Wasserfall zu schenken. Sie rauschen wie eine Heerde um die nächste Ecke heran, verstellen gleich eine ganze Wand und stören durch ihre lebhaften Bewegungen, durch ihre ewigen Ausrufe das bischen Ruhe, welches eben eingetreten, nachdem uns der unzufriedene Maler verlassen.

„Siehst du? — Nein dies. — Aber da. — Hier das ist schön. — Wo? — Hier. — Hat Aehnlichkeit mit 620. — Ah, von Krautmaier! — Siehst du Krautmaier? — Von dem Krautmaier? Das ist also der Krautmaier? — Der junge Krautmaier? — Nein, der alte Krautmaier. Krautmaier du und der Teufel, das ist nicht zu ertragen. — Der die Großmutter malte, als sie schon gestorben war."

Brrrr! Es nützt nichts, wenn man auf wirklich auffallende Art in die Hände klopft, sie fliegen nicht in die Höhe, sie drehen höchstens ihre langen Hälse herum, schauen dich naserümpfend an, und ein Kecker unter ihnen, der sich ein Ansehen geben will, sagt vielleicht in wegwerfendem Tone:

Fünfzehntes Kapitel.

„Es ist in der That ungeheuer genannt, daß diese Ausstellung so alle Tage für jedermann zugänglich ist. Man sollte doch wenigstens ein- oder zweimal in der Woche unter sich sein können!" —

Endlich flattern sie davon, sie rauschen um die nächste Ecke, und wir sehen deutlich, wo sie eingefallen sind, denn dort haben sie ein paar ernste Beschauer verscheucht, die sich gesenkten Hauptes entfernen.

„Sie werden mir zugeben, Herr Professor," sagte eine feine, etwas heisere, aber erregte Stimme, „daß Schlachtenbilder zu malen an und für sich ein Unsinn ist. Was soll die Kunst? Erheitern und erfreuen. Und ist ein Bild, wo der Pulverdampf die Luft verdunkelt, wo Leichen und Sterbende dutzendweise in den schauerlichsten Verrenkungen umherliegen, im Stande, uns zu erfreuen, zu erheitern? — Gewiß nicht. Sehen Sie dort den Ueberfall bei Hochkirch. Da stehen sie nun schaarenweise davor und thun, als ob sie entzückt wären."

„Es ist auch ein schönes Bild, Herr Professor."

„Allerdings, Herr Professor. Aber wenn man nun einmal nicht anders kann als Schlachten malen, so soll man sie wenigstens im hellen Sonnenschein darstellen. Mich indignirt dieses Bild, so oft ich es sehe."

„Weßhalb, Herr College?"

„Weil der Maler mir eine der besten Ideen weggenommen, Herr College. Kennen Sie meine Bauern-

burschen, die mit einer Fackel etwas erheitert von einer
Kirmeß heimkehren? — Müssen Sie nicht gestehen, daß sich
dieser sogenannte Ueberfall bei Hochkirch in den Hauptmo=
menten ganz an meine Arbeit lehnt?"

„Ich könnte doch eigentlich nicht sagen, Herr College."

„In der That? Nicht, Herr College? Ist auf meinem
Bilde nicht dasselbe hügelige Terrain, Dunkelheit, Fackellicht,
die querfeldein wild anstürmenden Bauernburschen und der
Gensdarm, der ihnen auf meinem Bilde so unverhofft in
den Weg tritt?"

„Ja, ja, von diesem Gesichtspunkte aus, Herr Professor!"

„O es gibt gar keinen andern Gesichtspunkt, Herr Pro=
fessor. — Aber so geht es Unsereinem. Nicht nur, daß die
kaum herangewachsenen jungen Leute ein paar Ellen Lein=
wand mit Farben bekleckst ein Bild zu nennen belieben, so
gehen sie auch her, nehmen uns die besten Motive, und so
Einer macht aus den bekannten nächtlich herumstreifenden
Bauernburschen des Professor Hagelwetter einen Ueberfall
bei Hochkirch. Ist es nicht rein zum Davonlaufen?"

„Ein vortrefflicher Esel!" sagen wir halblaut und ver=
senken unsere Blicke in das Portrait des gemüthlichen Lang=
ohrs, dessen Rücken Gemüsekörbe trägt und an dessen dickem
Kopfe die Ohren so lebendig und sprechend sind. Sagt uns
nicht das eine etwas gesenkte, daß es ein heißer Sommer=
tag ist, und erzählt nicht das andere stramm emporgerichtete
von dem Ueberfall bei — nein, nein, wir wollten sagen

von dem Ueberfall einer stechenden Fliege. — Es ist in der That ein vortrefflicher alter Esel. Und es gibt noch viele dergleichen in der Welt.

„Erlauben Sie, mein Herr!" möchten wir mit einer gelinden Entrüstung ausrufen und rücken dabei etwas heftig auf die Seite, denn ein eben Angekommener läßt sich so stark in die Kissen des Sophas hineinfallen, daß es uns förmlich aus unsern Betrachtungen und unserem Sitze emporschnellt.

„Ich bitte Sie sehr um Verzeihung," sagt der Fremde, „in der That recht sehr um Verzeihung." Und dabei erhebt er sich artig wieder, macht uns eine Verbeugung und setzt sich dann abermals hin, jetzt auf so sanfte und ruhige Art, daß wir den Ueberfall von vorhin verzeihen. Wir haben unsern Katalog in die Höhe genommen, wir erwidern die uns gemachte Verbeugung und schauen dabei über das Buch hinweg unsern Nachbar von der Seite an.

Es ist ein junger und sehr hübscher Mann, einfach, aber äußerst elegant gekleidet. Er trägt einen hellen Sommeranzug und blättert mit seinen silbergrauen Glacéhandschuhen etwas hastig in dem Katalog hin und her, athmet zuweilen tief auf, zuckt unruhig mit den Schultern und gibt auch sonst wohl Zeichen einer ziemlichen Aufgeregtheit. So hat er seinen feinen Panamahut neben sich hingeworfen, fährt sich ein paarmal hastig durch das hellblonde Haar und sucht dann auf's neue und auffallend emsig in dem

Auf der Ausstellung.

Katalog. Er mag am Ende der Zwanzigen sein, so schätzen wir ihn, und muß am Anfange dieses schönen Abschnittes im menschlichen Alter auffallend schön gewesen sein. Man sieht davon noch die deutlichen und angenehmen Spuren; den frischen, rosigen Teint, die schönen Augen, das volle krause Haar, den feinen Mund. Doch sind das, wie schon gesagt, nur noch Spuren, die vielleicht durch das Leben oder durch Schicksale, oder wer weiß durch was für ein scharfes Auge, wie wir es besitzen, aus jenem wohlthuenden Zusammenhange, aus ihrer vollkommenen Symmetrie gerissen erscheinen. Die so angenehmen und schönen Verhältnisse des Kopfes sind gestört durch einen müden Flug um die Augen, durch einzelne tiefe und scharfe Linien um Nase und Mund, durch ein unruhiges Zucken der Lippen, durch ein düsteres Feuer in den sonst so schönen Blicken. Auf der rechten Wange zeigt sich eine rothe Narbe, welche vom Ohr bis fast zum Mundwinkel geht.

Der Fremde blätterte immer noch hastig in seinem Katalog und wandte sich endlich an uns mit der Bemerkung, die er durch ein scheinbar gleichgültiges Lächeln begleitete: „Es ist eigenthümlich, wie schwer es ist, hier einen einzelnen Namen herauszufinden."

„Es bedarf allerdings einer Kenntniß des Buchs," geben wir ihm zur Antwort.

„Ich möchte mir die Bemerkung erlauben," versetzt er, immer noch im Verzeichnisse blätternd, „daß es ohne die allergenaueste Bekanntschaft mit diesem Katalog eine reine Unmöglichkeit ist. Ich will ihm das durchaus nicht zum Vorwurf machen, denn für die Zwecke des größten Theils der gewöhnlichen Besucher ist alles geordnet zusammengestellt."

Da ich nun, wie der geneigte Leser schon Eingangs dieses Kapitels zur Genüge erfahren haben wird, eifriger Besucher der allgemeinen deutschen Kunstausstellung war und das ganze Arrangement der Bilder vollkommen auswendig wußte, so verstand es sich von selbst und gebot es mir auch die Höflichkeit, dem Unbekannten meine Dienste anzubieten. Nebenbei flößte er mir auch ein reges Interesse ein, und es war mir angenehm, vielleicht mit ihm auf ein lebhaftes Gespräch eingehen zu können. „Wenn Sie mir," sagte ich deßhalb, „das, was Sie suchen, näher bezeichnen wollen, so wäre ich vielleicht im Stande, Ihnen Auskunft zu geben."

Er sah mich mit einem forschenden Blicke an; ich glaube zum erstenmal, seit er sich neben mich gesetzt, dann verbeugte er sich ein wenig und gab mit einem sonderbaren Lächeln zur Antwort: „Ich bin Ihnen für Ihr freundliches Anerbieten sehr dankbar. Aber Sie verstehen mich vielleicht, wenn ich Ihnen sage, daß man sich oft scheut, durch eine einzige Frage, die uns ein Anderer leicht beantwortet, eine traurige Gewißheit zu erlangen, der wir durch langsames Nachforschen wenigstens noch für eine Zeit lang entgehen. —

Doch," setzte er rasch hinzu, als er sah, wie ich mich mit einer leichten Bewegung zurückzog, „ich bin Ihnen herzlich dankbar für Ihr Anerbieten und werde mir erlauben sogleich davon Gebrauch zu machen, wenn Sie nämlich so gut sein wollen, Ihr Versprechen nicht zurückzuziehen."

Das sagte er in einem verbindlichen, obwohl etwas traurigen Tone, wobei mir sein ganzes Wesen als ein ängstliches, aufgeregtes erschien. Seine Lippen zuckten häufig, er athmete tief und schwer und dabei glitten seine Finger mit einer krampfhaften Hast durch die Blätter des Buches. Endlich ließ er seine Hände mit dem Katalog auf die Knie niedersinken und sagte mit einer ungezwungenen Heiterkeit: „Jetzt, mein Herr, werde ich mich an ihre Gefälligkeit wenden und bin Ihnen im Voraus dafür dankbar."

„So erlauben Sie mir vorher eine Frage," erwiderte ich, „die Ihnen vielleicht indiskret erscheint, aber es durchaus nicht sein soll. Sind Sie vielleicht selbst Künstler und suchten bis jetzt vergeblich eines Ihrer Bilder, das Sie hieher gesandt? — Verzeihen Sie mir," setzte ich lächelnd hinzu, „so kam mir Ihr Benehmen vor. Ich weiß es aus eigener Erfahrung — anch' io sono pittore."

Ich hatte das auf die freundlichste Art von der Welt zu ihm gesprochen, lustig lachend, um ihn heiter zu stimmen; denn der tief schmerzliche Zug, der auf seinem Gesichte lag, that mir ordentlich weh. Sein Gesicht heiterte sich auch in der That ein wenig auf, als ich so mit ihm redete, doch schüttelte er nach einem kurzen Stillschweigen leicht mit dem Kopfe und sagte mit einem etwas scheuen Blicke: "Leider bin ich nicht so glücklich, Künstler zu sein. Nur ein lebhafter Bewunderer und Verehrer alles Schönen, wo ich es finde. Dem Zufall aber bin ich sehr dankbar," setzte er verbindlich hinzu, "daß er mich in die Nähe eines Künstlers geführt, welcher vielleicht die Güte hat, mich auf einige Hauptschätze in diesem Ueberfluß von Reichthum aufmerksam zu machen. Bitte," fügte er hinzu, indem er seinen Katalog darbot, "mir freundlich an betreffenden Stellen ein paar Bleistiftstriche machen zu wollen."

Ich that das mit großem Vergnügen, und als ich ihm nach einiger Zeit sein Buch zurückgab, dankte er mit herzlichen Worten und durchsah darauf flüchtig die angezeigten Blätter.

"Italienische Landschaften und Genrebilder aus Italien sind nicht so bedeutend vertreten, wie ich gedacht," sagte er nach einer Pause, ohne die Augen von dem Hefte in seiner Hand zu erheben. "Bei der Masse von Künstlern, die alljährlich nach dem Süden geht, hätte man denken sollen, von dort eine größere Auswahl zu finden."

"Nun, es fehlt doch gerade nicht daran," erwiderte ich ihm. "Da sind Landschaften in Dunkelblau und Violett genug vorhanden. Und was das Genre anbelangt, so ist an römischen Landleuten, an Minenten, sowie an Fischern und Fischerinnen durchaus kein Mangel."

„Ich glaubte das Bild eines Freundes hier zu finden," sprach der Unbekannte nach einer längeren Pause.

Aha, wir nähern uns! dachte ich, ohne auf seine Bemerkung etwas zu erwidern.

„Darnach suchte ich, bin aber bis jetzt nicht im Stande gewesen, das Bild irgendwo im Buche zu entdecken. Sie waren vorhin so freundlich, mir eine Auskunft ertheilen zu wollen."

Hier traf mich ein scharfer Blick seiner ausdrucksvollen Augen, dann stockte er, und ich sah, wie er einen tiefen Athemzug that. — „Mit Vergnügen. Darf ich um den Namen ihres Freundes bitten?"

„Auf den Namen werden Sie sich vielleicht nicht erinnern. Aber da Sie die Ausstellung gewiß schon häufig besuchten, so ist ihnen vielleicht ein Bild aufgefallen, welches — da —"

Man sah und hörte, daß es ihm Mühe machte, fortzufahren. Endlich aber nahm er sich zusammen. „Eines jener Bilder, nach dem ich vorhin fragte," stieß er jetzt rasch hervor, „ein Genrebild aus Italien. Neben einer Brunnenschaale, über welche von allen Seiten das klare Wasser herabquillt, stehen zwei junge Mädchen."

Er bezeichnete mir ein bekanntes Bild, und um ihm ein Vergnügen zu machen, unterbrach ich ihn rasch, indem ich sagte: „Eines dieser Mädchen hat ein glänzendes Kupfergefäß auf dem Kopfe, welches der Andern, die lachend ihr Haar zurückstreift, als Spiegel zu dienen scheint."

„Ja, ja, so ist es, so ist es!"

„Rechts vom Brunnen ist eine allerliebste Gruppe von Kindern, ein etwas älteres Mädchen läßt den kleinen Bambino, der neben ihr steht, aus der hohlen Hand Wasser schlürfen."

„Es ist Ihnen also bekannt?" fragte er mit einer Hast, die mich erkennen ließ, daß es ein sehr, sehr genauer Freund von ihm sein mußte, welcher das Bild gemalt. Nun war ich aber im Stande, ohne ihm im geringsten zu Gefallen zu reden, dies Bild aus vollem Herzen loben zu können. Es wird allen Besuchern der damaligen allgemeinen Kunstausstellung in München unvergeßlich sein, wie es denn auch beständig mit einem Kreise von Bewunderern umgeben war, die hier im hellen glänzenden italienischen Sonnenschein einen Halt zu machen pflegten, ehe sie sich versenkten in die Wald- und Märchenpracht von Moritz von Schwinds sieben Raben, die sich in der anstoßenden Abtheilung befanden.

„Wenn der Maler dieses Bildes Ihr Freund ist," sagte ich so verbindlich, als ich durch den Ton der Stimme und meine Mienen auszudrücken vermochte, „so bitte ich, ihm mein Kompliment zu machen, er hat da anerkannt ein wunderbares Werk geschaffen."

„Anerkannt?" fragte der Fremde mit tonloser Stimme, wobei seine Lippen wiederum zuckten, doch nicht auf so unangenehme Art wie früher. „Also hat das Bild gefallen?"

Auf der Ausstellung.

„Erlauben Sie mir," erwiderte ich eifrig, „gefallen ist hier nicht der rechte Ausdruck. Dies Bild ist eine der kostbarsten Perlen der ganzen Ausstellung. Und um Ihnen mein Wort von vorhin mit voller Wahrheit zu wiederholen: anerkannter Maßen."

Bei diesen meinen Worten hatte mein Nachbar seine Hände leicht zusammengelegt, ja ich bemerkte mit Erstaunen einen fast schwärmerischen Blick, den er in die Höhe warf. Freilich nur eine Sekunde lang, dann lächelte er so freudig, wie ich lange nicht habe jemand lächeln sehen, legte seine Rechte auf meinen Arm und sagte dann: „Ich habe nicht Worte, Ihnen für die Freundlichkeit, mit der Sie sich über jenes Bild aussprachen, zu danken. Aber beantworten Sie mir noch eine Frage. Hat der Künstler, der es gemalt, einen bekannten, einen geehrten Namen?"

„Es hat damit eine eigene Bewandtniß," erwiderte ich, und ich bemerkte wohl, wie der Fremde meinen Worten mit der höchsten Spannung folgte. „Sie wissen ebenso gut wie ich, daß unsre Ausstellung eine rein deutsche sein sollte und auch ist, und aus diesem Grunde wohl hat der sehr bekannte Künstler, um sein Bild überhaupt hieher zu bringen, es mit einem angenommenen Namen bezeichnet."

„Und steht dort nicht der Name Tannhäuser?" fragte er mit tonloser Stimme.

„Allerdings," versetzte ich. Aber ich erschrack, wie ich ihn anblickte. Die Freude, welche bis jetzt aus den Zügen meines Nachbars geleuchtet, hatte in seinem Antlitze auch jene Harmonie theilweise wieder hergestellt, die ich beim ersten Erblicken desselben vermißte. Kaum aber hatte ich das eben Erzählte gesagt, als es wie ein Blitz über sein Gesicht fuhr und alles auf demselben den Ausdruck einer Erwartung annahm, die überzeugt ist, im nächsten Augenblick etwas Furchtbares hören zu müssen. „Allerdings," sagte ich nochmals, „aber gerade der Name Tannhäuser ist ein angenommener Name, das fragliche Bild ist bekannter Maßen von Potowski. Leider ein Russe, könnte man hinzusetzen, denn wir wären stolz darauf, ihn einen Deutschen zu nennen."

„Von — Potowski?" wiederholte mein Nachbar, und den Ton, mit dem er das sagte, werde ich nie vergessen. „Ah, von Potowski?" Dann legte er die rechte Hand an seine Augen und ließ sein Haupt tief auf die Brust herabsinken. So verblieb er lange, ja so lange, daß mir ordentlich ängstlich zu Muth wurde und ich schon im Begriffe war, seine Schulter zu berühren, um ihn vielleicht so zu veranlassen, sich emporzurichten. Aber er that es dann von selbst; er hob den Kopf in die Höhe, er blickte mich mit starren Augen an, und ich sah, daß sein Gesicht mit einer furchtbaren Blässe überzogen war. Dabei versuchte er zu lächeln und sagte mir mit matter Stimme: „Es wird Ihnen seltsam vorkommen, aber es ist vorübergehend. Ich bin heute Morgen bei der starken Hitze etwas zu rasch gegangen. — Also man weiß," setzte er nach einer Pause hinzu, „daß das Bild, von dem wir vorhin sprachen, von dem russischen Maler Potowski ist?"

„Man vermuthet es allgemein und wohl mit genügendem Grunde. Es ist ganz die frische, kecke Manier des Russen, seine korrekte Zeichnung, sein brillantes, unerreichbares Kolorit."

„Und wo hält er sich auf? Lebt er in Deutschland?"

„Das weiß ich Ihnen wahrhaftig nicht zu sagen. Er soll gewöhnlich in Moskau sein, hat aber Deutschland bereist, das bezeugen einige seiner Bilder, die für uns ein so vaterländisches Gepräge haben, als seien sie in Düsseldorf oder hier gemalt. Eigenthümlich dabei ist, daß Potowski, so viel wir von ihm kennen, nie etwas aus dem russischen Leben zum Vorwurf seiner Bilder nahm."

„Das glaube ich wohl," murmelte mein Nachbar mit dumpfer Stimme. Dann athmete er tief auf, strich mit der Hand sein Haar aus der Stirne zurück und fragte mich: „Sind hier in München Bilder von Potowski?"

„So viel ich weiß nur eines im Privatbesitz, das Sie aber wahrscheinlich sehen können, wenn es Sie sehr interessirt. Ich würde mir ein Vergnügen daraus machen, Ihnen eine Erlaubniß dazu zu verschaffen."

„Und das Bild — das gewisse Bild trägt nicht den Namen Potowski?"

„Nein," gab ich zur Antwort; „es ist mit dem Namen

Tannhäuser, den Sie vorhin nannten, unterzeichnet. Es ist das, wenn Sie wollen, eine Schmuggelei. Doch wo kein Kläger ist, ist auch kein Richter. Dem Comité wurde das Bild als die Arbeit eines deutschen Malers eingesandt, und da es am Ende einen Maler Namens Tannhäuser geben kann, — Tannhäuser mit hartem T, denn der Wiener Meister Dannhäuser ist ja leider schon längst gestorben, — ist wohl möglich."

„Und von jenem Tannhäuser, dessen Name auf dem Bilde steht, hat man sonst nie etwas gehört?"

„Nie," sagte ich mit voller Wahrheit; „ich wenigstens nicht, und ich bekümmere mich doch so ziemlich um alles, was in Deutschland auf dem Gebiete der Kunst geschieht."

„Ich danke Ihnen recht sehr," sprach nun der Fremde zu mir mit einem peinlichen, verbindlich sein sollenden Lächeln, worauf er seinen Katalog aufhob, der ihm entfallen war, seinen Panamahut an sich nahm und etwas mühsam aufstand. Er schien wirklich müde zu sein, oder unter einer furchtbaren Gemüthsbewegung gelitten zu haben. Darauf hin deuteten seine bleichen Lippen, das Erlöschen seiner vorhin noch so lebhaften Blicke, der langsame, schwankende, fast unsichere Gang, mit dem er sich nach einer tiefen Verbeugung entfernte.

Dieser Mann dauerte mich von Herzen, ohne daß ich mir den Grund seines Benehmens enträthseln konnte. Gern hätte ich ihm meine Begleitung angeboten, doch hasse ich jede Spur von Zudringlichkeit, und als solche hätte ihm am Ende mein Anerbieten erscheinen können. Auch war es für mich Zeit, den Kristallpalast zu verlassen. Vorher aber ging ich noch einmal zu meinen lieben sieben Raben und verweilte darnach noch vor den Cartons meines unglücklichen, unvergeßlichen Freundes Alfred Rebel, dessen meisterhafte Fresken im Rathhaussaale seiner Vaterstadt Aachen nach diesen Cartons gemalt wahrscheinlich mit jedem Jahrzehnt zu immer größerer Geltung kommen werden und den Namen dessen unsterblich machen, der jetzt als ein armer Geisteskranker in den Alleen des Düsseldorfer Schloßgartens umherirrt, in denselben Alleen, die wir vor Jahren mit frischem Jugendmuthe, heiter, lustig, glücklich durchzogen, — in den Alleen, die heute wie damals in gleicher Frische grünen, während er, der Künstler, der eine große, glänzende Zukunft versprach, vom letzten Hauche eines erlöschenden Daseins wie ein verwelktes Blatt dahin getrieben wird. —

Ein junger, sehr bleicher Mann mit blondem Haar und Bart, elegant gekleidet, schritt an diesem Tage noch längere Zeit durch die hohen Räume des Kristallpalastes. Doch schien er nur für ein einziges Bild Sinn zu haben: Italienerinnen mit zwei kleinen Kindern an einer Brunnenschaale; vor dieses Bild trat er häufig hin, eine Zeit lang im Anschauen versunken, um sich alsdann auf einmal mit raschen Schritten zu entfernen. Doch kam er nicht weiter als bis in die anstoßende Abtheilung, wo er unter der Thüre stehen blieb, nach jenem Bilde hinstarrte und sich dann langsam, wie von demselben mächtig angezogen, wieder näherte. Dann beschaute er es abermals mit dem größten Interesse, beugte sich auch wohl nieder, um den Namen des Künstlers genau zu lesen, und ein paarmal fragte er aufmerksame Beschauer eben dieses Bildes, indem er auf die höflichste Art seinen Hut abnahm, wo dieser Maler Tannhäuser wohl zu erfragen sei.

Zuerst erhielt er von einem Befragten ein Achselzucken zur Antwort und dann sagte ihm ein Anderer: „Es steht da allerdings Tannhäuser, aber es gibt keinen Maler dieses Namens mehr, Dannhäuser ist todt und dieses ist ja mit dem harten T geschrieben. Es ist das eine Mystifikation, eine russische Schmuggelei."

„Wie so?" fragte der junge Mann mit dem größten Interesse.

„Nun," gab der Befragte zur Antwort, „das Bild ist von dem bekannten russischen Maler Potowski, der aus Gott weiß welcher Grille das Bild hier auf dieser allgemeinen deutschen Kunstausstellung haben wollte und ihm deßhalb eine deutsche Firma gab. Sie sehen, unsere Namen sind zu allem zu gebrauchen," setzte er bitter lachend hinzu.

„Ja — ja — das sehe ich," erwiderte der Frager, dankte auf's höflichste für die freundliche Auskunft und empfahl sich alsdann mit einer tiefen Verbeugung.

Dieses Spiel hatte er mehrmals wiederholt, es erinnerten sich später Leute zufällig daran, und dann verließ der junge Mann langsamen Schrittes das Ausstellungslokal. Unter der Thüre desselben wandte er sich aber nochmals an den dort befindlichen Beamten und sprach zu ihm auf die verbindlichste und höflichste Art von der Welt: „Könnten Sie mir nicht vielleicht sagen, wo ich den Maler des Bildes Nr. 1004 wohl auffinden könnte?"

Der Beamte schob seine Brille fester an die Augen, sah einen Augenblick in sein Buch und versetzte darauf: „Nr. 1004 — Tannhäuser?"

„Richtig, Herr Maler Tannhäuser. Dürfte ich Sie um seine Adresse bitten?"

„Unmöglich, Tannhäuser existirt gar nicht."

„Ah! — So? Maler Tannhäuser existirt also nicht?"

„Nein, es ist nur ein pseudonymer Name, das betreffende Bild ist von Potowski gemalt."

„Von Potowski! — Ich danke Ihnen."

„Keine Ursache, gern geschehen."

Der junge Mann mit dem blonden Haar trat nun in das hohe herrliche Vestibul, wo der gewaltige Springbrunnen seine reichen Wassermassen bis an die Glasdecke spritzt und rings umher angenehme Kühle verbreitet. Er starrte lange, lange nachdenklich darauf hin, und wenn man zuweilen sah, wie sich seine Züge plötzlich zu einem Lächeln verzogen, so hätte man glauben können, er finde außerordentliches Wohlgefallen an dem spritzenden, quellenden, murmelnden und rauschenden Wasser. In Wahrheit aber sah er nichts von der Fontaine im Kristallpalast zu München. Vor seinem inneren Auge stand in riesenhaften Dimensionen das Bild Tannhäuser-Potowski's. Das war hier dieselbe Brunnenschaale wie da, und an dieser lehnten dieselben Gestalten, freilich hier etwas gigantisch, in fast erschreckendem Maßstabe. Waren doch die Kinder, die auch daneben standen und von denen der Knabe aus der Hand des Mädchens trank, schon von erschreckender Größe. Was aber das Eigenthümlichste war, so still und unbeweglich die Figuren hier auch standen, so vernahm man doch durch das Rauschen und Sprudeln des Springbrunnens hindurch, daß sie mit einander sprachen. Und was sie redeten, erfüllte den Zuhörer mit Entsetzen.

„Der Tannhäuser," sagte die Eine, „existirt gar nicht."

„So ist er todt?" fragte die Andere.

„O nein."

„Also lebt er?"

„Er lebt auch nicht; man hat ihm seinen Namen genommen und so ward er etwas Wesenloses."

„Wo willst du ihn finden?"

„Nirgends, da er nicht existirt."

„Ah ja, da er nicht existirt!"

Er mußte sich hastig abwenden, um das gespensterhafte

Bild nicht mehr zu sehen, um nicht weiter zu hören. Und doch vernahm man noch, wie jetzt der murmelnde Springbrunnen das Wort nahm und sagte: "Dummes Zeug! Dummes Zeug! Das ist gar nicht der Tannhäuser, nämlich nicht der Potowski=Tannhäuser, sondern jener alte Tannhäuser —

— ein Ritter gut,
Wollt' Lieb' und Lust gewinnen,
Da zog er in den Venusberg,
Blieb sieben Jahre drinnen."

"Alle tausend Jahre," so murmelte das geschwätzige Wasser weiter, "darf er einmal auf eine Zeit lang auf die Oberfläche der Erde und den Versuch machen, ob sein Stecken nicht grünen will. Wir wissen das ganz genau. Ich habe es von meiner Großmutter, welche eine uralte Quelle war und da hinten herum im Thüring'schen sehr solide Verbindungen hatte. — Glaubt mir nur, ein Maler Tannhäuser existirt gar nicht, gewiß nicht, gewiß nicht."

Der junge Mann ging davon, ohne seinen Stock ein=zulösen, der heute noch in den Händen jenes hübschen Mädchens sein muß, welche am Eingange saß und für Regenschirme und dergleichen langweilige Utensilien Marken ausgab. Er hätte auch seinen Hut dagelassen, wenn er ihn nicht zufällig auf dem Kopfe gehabt hätte. Er wandelte schwankend wie im Traume, und als er am Ausgange stand, schien er es gar nicht zu sehen, daß eine elegante Equipage, die rechts im Schatten gestanden, rasch vorfuhr und daß ein Bedienter in Livree den Schlag öffnete.

Er stieg die Treppen hinab, starr vor sich hinblickend, umging den Wagen und den Livreebedienten, der ihm im höchsten Erstaunen, mit offenem Munde nachblickte und dann zum Kutscher sagte, während er mit der Hand seine Stirn berührte: „Hast du das gesehen, Andreas? Nun, da ist es mit der klaren Vernunft zu Ende oder ich will selbst ein Esel sein. Was thu' ich? Lauf' ich ihm nach?"

„Wie dir beliebt," entgegnete der Mann auf dem Bocke. „Ich fahre nach Hause. Hätte den Teufel davon, noch länger hier in der Mittagshitze auszuhalten."

„Und ich wahrhaftig auch," meinte lachend der Andere. „Sagen wir, er hätte uns nach Hause geschickt. — Ueberhaupt habe ich das satt."

„Ich auch, mich soll der Teufel holen!" Damit rollte der Wagen davon.

Der aber, dem diese Reden galten, eilte doch trotz der glühenden Mittagshitze, die er absichtlich aufzusuchen schien, denn wo sich auch in seinem Wege Schatten zeigte, da benutzte er ihn nicht, oder schien ihn gar nicht zu bemerken. Von Zeit zu Zeit murmelte er vor sich hin: „Es ist schrecklich, daß man mir meinen Namen genommen, daß ich, der ein großer Künstler zu sein glaubte, nun gar nicht einmal existire. Und noch schlimmer würde es sein, wenn ich wirklich jener alte Tannhäuser wäre, dem es erlaubt ist, nur alle tausend Jahre für kurze Zeit auf dieser schönen Erde zu wandeln, und wenn ich wieder tief hinab müßte unter die dumpfige Erde, wo man kaum athmen kann, wo es so beklemmend heiß und schwül ist! Nein, nein, nein, nein! Dorthin will ich nicht, ich will in den Wald hinaus, unter den frischen, grünen Bäumen am kühlen Quell ausruhen. — Ah, wie das Wasser erfrischt! und ich kann das brauchen, denn mich dürstet gewaltig. — Ja ausruhen, bis es Abend wird, Abend so schattig und kühl, dann werde ich hinschleichen an das Haus mit der Veranda und versteckt warten, bis sie die leuchtende Lampe auf den Tisch stellt, bis sie mit ihrer lieben Stimme sagt: felicissima notte! — Ein Zauberspruch, dem alle bösen Geister weichen müssen, der mich glücklich machen wird, o so sehr glücklich!

„Aber bis dahin ist es noch weit," sagte er trotz der Hitze erschauernd, „sehr weit. — Wie dehnt sich vor mir der Weg aus, voll Sonnenglut und Staub. Aber nein, nein, das ist kein Staub mehr, das ist der Dunst und Qualm aus dem Berg. Wehe, wehe, sie haben mich wieder, sie fesseln mich wieder, sie halten mich fest! Leb' wohl, Waldespracht! Leb' wohl, Franceska! — Aber ich will nicht; sie sollen mich nicht mit Gewalt hinabziehen, o nicht mit Gewalt!" bat er flehend. — „Was nützt mich auch die Gewalt? Mit Gewalt kann ich nicht entkommen;

ich muß freundlich mit ihr sein, ich muß sie bitten, daß sie mich in Güte ziehen läßt.

„Frau Venus, meine schöne Frau,
Von süßem Wein und Küssen
Ist meine Seele geworden krank;
Ich schmachte nach Bitternissen. —

„Frau Venus, meine schöne Frau,
Leb' wohl, mein holdes Leben;
Ich will nicht länger bleiben bei dir,
Du sollst mir Urlaub geben."

Sechzehntes Kapitel.
Das Wunder.

Am Starenberger See, nicht weit von München, liegt am Fuße reizender Waldhöhen das Dörfchen Leoni, unstreitig einer der malerischsten und schönsten Aufenthaltsorte für die Sommer- und Herbstmonate. Früher war es einigermaßen langweilig, von der Residenz zu Wagen nach den Ufern des Sees zu fahren; heute aber, wo uns die dampfende Lokomotive über Thäler hinweg, durch Berge hindurch in einer Stunde dorthin führt, ist diese Tour zu einer kleinen und selbst angenehmen Spazierfahrt geworden. Wie prachtvoll ist der Anblick der klaren und grünen Wasserfläche mit ihren schönen Ufern, wenn wir aus den dunklen Wäldern der Mühlthalhöhen an den Rand des Thalbeckens hinabfahren. Wie liegt der herrliche See an einem schönen Tage so frisch, so einladend vor unsern Blicken da, wenn kein Windzug die glatte, grüne Fläche kräuselt, wenn die reizend geschwungenen Ufer mit ihren Dörfchen, ihren vielen Schlössern und Villen ein reiches Band um das Wasser schlingend, so klar und deutlich ausschauen; nur dort hinten weit ein wenig im bläulichen Dufte verschwimmend, wo jenseits des Vorlandes die ewigen Alpen so mächtig unsere Blicke anziehen.

Fühlen wir uns doch fast überwältigt von der Schönheit dieses Sees, können uns eines gewissen eigenthümlichen Gefühles nicht erwehren, das uns überschleicht, wenn wir im leichten Boote über die weite Wasserfläche schwimmen, — eines Gefühles, welches uns sagt: so schön das Rundgemälde ist, das sich hier vor uns aufgethan, so wird es doch noch viel angenehmer, noch viel traulicher und behaglicher sein, wenn wir da oder dort am Fenster eines der kleinen Häuser lehnen, hinausschauend auf das spiegelnde Wasser, oder wenn wir uns hinlagern könnten dort unter jenes Gebüsch, unter jene Bäume, um zwischen deren Stämmen das Wasser des Sees langsam und feierlich ans Ufer treiben zu sehen.

Geduld! Dort sehen wir schon das zierliche Königsschlößchen Berg; langsam schiebt sich jetzt hinter ihm die Waldhöhe hervor und an ihren Fuß geschmiegt, dicht an der Wasserfläche liegt Leoni, an sich ein unbedeutendes Dörfchen, aber umgeben von kleinen allerliebsten Villen, die sich mit der hellen Farbe ihrer Häuser zwischen dem tiefen

Grün wie eine Guirlande am Ufer hinziehen. O es sind das hier kleine reizende Häuser, wie gemacht in der angenehmsten Gesellschaft, umgeben von frischem Grün am kühlenden See, ein paar Sommermonate zu verträumen. Wie hübsch sind die kleinen Gärten, die sich vor jeder dieser einzeln liegenden Wohnungen befinden, nur durch einen schmalen Weg vom See selber getrennt, in dem sich Badhäuschen befinden, wo jede der Villen ihren Ankergrund hat, einen Hafen von Pfahlwerk, in welchem der leichte Nachen auf der klaren, tiefgrünen Flut schaukelt. Und hinter den Wohnungen erhebt sich langsam ansteigend die Höhe. Da sieht man hübsche Parkanlagen, wo sich unter riesenhaften Bäumen Ruheplätze befinden, die wir tagtäglich nacheinander besuchen, denn sowie wir höher steigen, erweitert sich unser Horizont und immer größer, immer weiter, immer gewaltiger und schöner wird die Aussicht, die wir über den See genießen.

Hier in Leoni, und zwar in dem Hause dort am Landungsplatz — es hat eine hellgelbe Farbe mit grünen Läden und liegt so heimlich versteckt — wohnte jener junge Mann, den man vor kurzem, als er von einer schweren Krankheit kaum hergestellt war, hieher gebracht hatte, damit er hier in der wunderbaren Einsamkeit des Sees, in dieser herrlichen Natur seine völlige Genesung finde. Denn daß er noch sehr leidend war, das konnte jeder sehen, der ihn auch nur vorübergehend und flüchtig betrachtete. Sein Gesicht war bleich, eingefallen und sah noch hagerer aus durch den dichten Bart, der sein Kinn beschattete. Auch hatten die tiefliegenden Augen einen seltsamen scheuen und unheimlichen Ausdruck; es war gerade so, als hätte die Glut des Fiebers, die ihn barniedergeworfen, dort einen unheimlichen Glanz zurückgelassen. — Man bedauerte ihn herzlich, wenn er jeden Morgen vorüberschritt, etwas vornüber gebeugt, nie aufblickend, wobei er jedoch alles bemerkte, was ihm begegnete. Denn man sah das an der verbindlichen Art, mit der er seinen Hut zog und für einen halben Gruß, ja sogar für einen freundlichen Blick dankte. Der Kranke war einfach, aber sehr anständig gekleidet und erschien immer in Begleitung eines vielleicht vierzehnjährigen Knaben, der eine Zeichenmappe trug, sowie einen Malerstuhl.

Regelmäßig an jedem Morgen, wenn es das Wetter nur einigermaßen erlaubte, sah man Beide die Waldhöhe hinan steigen, dort oben lagerte sich der junge Mann ins Grün, blickte auf den See hinaus, nach den fernen Alpen hin und träumte. So schien es denen, welche zufällig vorüber kamen und ihn dort oben bemerkten. Zuweilen legte er auch die Zeichenmappe aufgeschlagen auf seine Knie, zog einen Bleistift hervor und fing an, einige Striche zu machen. Doch schüttelte er nach den ersten Versuchen den Kopf und sagte: „Es geht noch nicht; ich sollte es gar nicht probiren. Weiß ich doch genau, daß ich in Geduld abwarten muß, bis das große Wunder geschieht. Nicht das mit dem

Stocke," fuhr er mit einer wegwerfenden Handbewegung
fort, „das ist unmöglich; ich habe es dir schon oft gesagt.
Der Stab, der einmal vertrocknet, kann nicht mehr Knospen
und Blätter treiben, das merken wir ja an uns selber.
Aber," setzte er dann mit leiser Stimme hinzu, „meine
Existenz können sie mir wiedergeben. Doch nehme ich sie
nur an in feierlichem Aufzuge, vor allem Volke, eine förm=
liche und großartige Ehrenerklärung. — Schau auf den
Weg hinab, ob du ihn noch nicht kommen siehst, den Reiter
auf weißem Roß. Aber die Bügel müssen golden sein und
Zaumzeug und Decke purpurfarben, reich mit Edelsteinen
gestickt. — Geh, sag' ich dir, geh!"

Der kluge Knabe, an den dies Verlangen schon oft ge=
stellt worden war, erhob sich willfährig, ging ein paar
Schritte in den Wald hinein, von wo er den geschlungenen
Weg übersehen konnte, der auf die Höhe führte, und blieb
dort hinabblickend stehen.

„Du siehst noch nichts?" fragte der junge Mann.

„Nur ein paar Fußgänger."

„Bah, es werden keine Fußgänger sein," erwiderte der
Andere verächtlich. „Wenn du nicht das Haar des weißen
Rosses leuchten siehst, so komm nur zurück und schaue lieber
auf den See hinaus. Ueberhaupt sagt mir eine innere
Stimme, daß sie eher noch über die grünen Fluten zu mir
kommen werden. Ich halte das, beim Himmel! für wahr=
scheinlicher. Und wenn ich es mir recht überlege, so er=

scheint auch ein solcher Aufzug großartiger, majestätischer, des vorhabenden Zweckes würdiger. Schau über den See, ich bitte dich darum."

Darauf ging der geduldige Knabe etwas vorwärts, auf die Lichtung zu, von wo man die Wasserfläche besser übersehen konnte, hielt die Hand über die Augen und sprach nach einigen Minuten in munterem Tone: „Ich kann noch nicht bestimmt sagen, ob ich etwas sehe. Es liegt ein unendlicher Glanz auf dem Wasser."

„Ah, es liegt Glanz auf dem Wasser, das gibt mir einige Hoffnung. Schau schärfer hin, ob du nicht die goldenen, vielruderigen Galeeren erblicken kannst. Sie führen bunte Wimpel am Mast, und rechts und links an den Wänden sitzen weißgekleidete Knaben harfenspielend. Auch sind Anker und Tauwerk von reinem Golde. Siehst du nichts dergleichen?"

„Leider nein," gab ihm der Knabe zur Antwort; „es war das Licht der Sonne, welches jenen Glanz aufs Wasser warf."

„Und du hörst auch nichts? Keine rauschende Musik, keinen feierlichen Gesang? — Strenge dein Gehör an."

„Es nützt alles nichts," erwiderte nach einer längeren Pause der Knabe kopfschüttelnd. „Es ist mit dem Sehen nicht viel, aber ich höre noch viel weniger etwas von dem, was ich hören sollte. — Doch halt! Da erblicke ich etwas."

„In der That?" rief der Andere erwartungsvoll. „Du siehst etwas?"

„Aber doch nicht das Rechte. Es ist nur das Dampfboot, welches über den See fährt."

„Pfui, das Dampfboot!" sagte der junge Mann mit einem Ausdruck tiefer Verachtung auf den Zügen. „Ich wollte ihnen nicht gerathen haben, mir mit dem Dampfboot eine Deputation zu schicken. — Komm nur zurück, der Tag ist noch nicht gekommen."

Wenn auch der Begleiter des sonderbaren Kranken zu verschwiegen war, um etwas von diesen Unterredungen zu erzählen, so war doch das menschenscheue, überhaupt seltsame Benehmen des jungen Mannes zu auffallend, um nicht die Aufmerksamkeit der Bewohner Leoni's, sowie der anwesenden Fremden zu erregen und sie zu begreiflichen Nachforschungen zu veranlassen.

Wer der Kranke war, konnte man übrigens nicht erfahren, daß er aber aus gutem Stande sei, sah man wohl aus seinem Benehmen, und daß er reich sein mußte, zeigte die Art, wie er bei sich eingerichtet war. Das Haus, wo er wohnte, war durch einen Agenten in München für ihn und seine Dienerschaft gemiethet worden; letztere bestand aus zwei Bedienten, von denen einer mit Hülfe einer alten Magd, die man hier angenommen, das Hauswesen besorgte, während der Andere die Stelle eines Kammerdieners bei dem Kranken versah. Doch schien dieser den jungen Mann

bei deſſen Spaziergängen nur bis an die Gartenthür be=
gleiten zu dürfen, hier wenigſtens blieb der Diener mit
einer tiefen Verbeugung jedesmal ſtehen, während der An=
dere nach einem leichten Gruße mit der Hand weiter ging.
Im Stalle der Villa befand ſich ein Pony zum Dienſte
des Kranken, den dieſer aber nur ein paarmal benutzt hatte.
Ihm machte es viel mehr Vergnügen, mit ſeinem kleinen
Begleiter an den Abhängen des Waldgebirges umher zu
ſteigen, wo dann häufig die oben beſchriebene Scene aufge=
führt wurde und von wo dann Nachmittags beide, die Hüte
mit grünen Zweigen und Waldblumen bekränzt, nach Hauſe
zurückkehrten.

Zuweilen erhielt der Kranke Beſuch von einem ältern
Herrn, einem Arzte, wie die Leute ſagten, der in Beglei=
tung einer ſchönen und ſehr eleganten Dame mit dem Dampf=
boote nach Leoni kam. Die Dame aber ging nie in das
Haus, wo der Kranke wohnte, ſondern ſie erſtieg die Höhe
und blickte von oben in den Garten der kleinen Villa, wo
dieſer alsdann mit dem ältern Herrn hin und her ſchritt.
Wenn ſie zurückkehrte, hatte ſie ihren Schleier niedergelaſſen,
hielt auch wohl das Taſchentuch an ihren Mund und war=
tete am Landungsplatze des Dampfbootes auf den Arzt,
dem ſie, ſobald er erſchien, haſtig einige Schritte entgegen
ging. — Das hatten die Leute oft genug geſehen und auch
bemerkt, wie alsdann der alte Herr auf die Frage der Dame
die Achſeln zuckte, ja Einer, der ihnen zufällig begegnete,

wollte gehört haben, wie jener sagte: „er hat für nichts Gedächtniß und Sinn als für das Wunder, von dem wir schon oft gehört, daß er es erwartet und das ihm, wie er sagt, seine Existenz wiedergeben soll."

So verging der Sommer und trübe Tage wechselten ab mit klaren, Regenwolken mit blauem Himmel, und als der Herbst kam, färbten sich die Laubmassen am Ufer des Sees mit all der Pracht, die sie nur einmal zeigen, ehe ihnen des Winters rauhe Hand die bunten Gewänder abstreift, so daß sie alsdann trostlos dastehen, jammernd die nackten Arme gen Himmel streckend. Dazu kamen Tage in einer Klarheit und Frische, und wieder in der Ferne mit jenem wunderbaren Dufte, wie das alles nur der Herbst aufzuweisen hat. Da lugte am frühen Morgen die Sonne so freundlich blinzelnd über die Bergeshöhen, als wollte sie sagen: wartet nur, heute sollt ihr einmal einen schönen Tag haben! — worauf die nächtlichen Nebel, die sich schon stolz und hochmüthig emporrichten wollten, sich schnell und tief niederduckten, es nicht einmal mehr wagten, auch nur schüchtern an den Himmel emporzuschauen, sondern sich eilig in langen weißen Streifen verzogen um die Ecken der Berge in die tiefen Schluchten hinein oder langgestreckt niederfielen auf die grünen Wiesen, um dort, gute Miene zum bösen Spiele machend, gleich darauf als lächelnde Thautropfen zu erscheinen. Dann küßte die Sonne den blanken See, und dieser lachte und schmunzelte so gemüthlich und that so wohlwollend mit seiner Umgebung, daß weiter hinten Himmel und Wasser ordentlich in einander zu verschwimmen schienen.

An einem solchen Tage machten die Beiden, von denen wir vorhin gesprochen, abermals ihren Spaziergang auf die Waldhöhe hinauf. Obgleich es weder Sonntag noch Feiertag war, so erschienen doch die ihnen begegnenden Fremden und die Leute aus den Dörfchen sonntäglich und festlich geputzt. Ja noch mehr: an der Landungsbrücke, wo das Dampfboot gewöhnlich anlegte, sah man Flaggenstangen mit bunten Wimpeln, und das alte Geländer selbst lächelte freundlich unter frischen Guirlanden von Eichenlaub.

Der Kranke schien nichts von diesen Vorbereitungen zu sehen; er zog wie gewöhnlich seinen Hut ab, häufig und tief, doch schien es ihm vollkommen gleichgültig, wem er eine solche Artigkeit erzeigte. Er hielt den Blick auf den Boden gesenkt und ging, so lange er sich in der Nähe der Wohnungen befand, mit einer gewissen Eile, die sich erst verminderte, sowie er Dorf und Häuser hinter sich ließ und im Schatten des Waldes aufwärts stieg. Dann hob er auch den Kopf empor, dann schien er freier zu athmen, dann klärten sich seine finstern Züge sichtlich auf.

„Heute wollen wir wieder einmal den Versuch machen, eine ganz immense Zeichnung zu entwerfen. Ich fühle so ein Zucken in meiner rechten Hand, es ist mir grade zu Muth, wie einem Baum im Frühjahr, der ausschlagen will. Fühlst du nicht auch so was?"

„Dergleichen gerade nicht," erwiderte sein Begleiter; doch setzte er mit einem pfiffigen Lächeln hinzu: „es ist mir ungefähr so wie jemand, der unverhofft zu einem Feiertag kommt."

„Diese unverhofften Feiertage sind die besten," meinte der Andere. „Wenn wir uns auf etwas zum Voraus freuen und wissen, daß es so kommen muß, so beschäftigt sich unsere Phantasie damit und baut es herrlich und groß aus, daß es uns dann meistens klein und unbedeutend vorkommt, wenn es nach langem Warten endlich erscheint. — Etwas Anderes ist es," fuhr er nach einer Pause fort, „mit dem großen, übernatürlichen Wunder, das ich erwarte. Das kann man sich nicht herrlich genug vorstellen, und wenn du so glücklich sein wirst, es einmal in der Wirklichkeit zu sehen, da freue ich mich schon zum Voraus, wie du vor Entzücken außer dir gerathen wirst."

Sie hatten sich unter einem Baum niedergelassen, während der Kranke so sprach und sahen den Leuten zu, die heute besonders zahlreich auf die Rottmannshöhe zogen. Von dort tönte es auch zuweilen wie einzelne Musikklänge herüber, und wenn der Kranke das hörte, so sagte er: „horch, wie der Wald so schön singt!" Da aber immer mehr Leute an ihnen vorüber zogen, plaudernd, lachend und singend, und viele sie neugierig betrachteten, so stand der junge Mann auf und ging zur linken Seite in den Wald hinein, stieg die Anhöhe hinan bis zu jenem Platz

über Leoni, wo man das funkelnde Wasser so gut über=
sehen konnte.

Hier setzte er sich auf einen Stein nieder, lehnte sich
mit dem Rücken an einen Baumstamm und sah mit freu=
digen Blicken auf das wunderbare Panorama, welches sich
vor ihm ausbreitete. Da erschien die glatte Fläche des
Sees ohne Uebertreibung wie ein klarer grüner Spiegel.
Und das war er auch für seine Ufer, denn die beschauten
sich in ihm und sahen sich so deutlich wieder, daß jeder
Fels am Rande, jeder Baum, jeder Strauch, jedes Häus=
chen sich wieder erkennen mußte. Ueber die Erde spannte
sich der Himmel so tiefblau, so feierlich und still, grade so,
als erwarte er etwas ganz Absonderliches, das sich hier
unten auf der Erde begeben müsse. Und diese feierliche
Stille des Himmels theilte sich Land und Wasser im Allge=
meinen mit, und auch wieder jedem Einzelnen: den Ufern,
den Bäumen, den Häusern und den darüber emporragenden
Bergen. Alles stand da in dem milden klaren Sonnen=
schein, so gespannt, so erwartungsvoll. Und drüben jen=
seits des Vorlandes schienen sich die ewigen Alpen ordent=
lich in die Höhe zu strecken, um besser sehen zu können,
und waren so im duftigen Glanz des Morgens von der
Spitze bis zum Fuße ohne Nebel, ohne Wolke in langer,
mächtiger Reihe scharf umgrenzt dem Auge sichtbar. Nur
um das Haupt der Königin der baierischen Alpen, um die

Zugspitze, schwebte es wie ein leichter Duft, ein feiner, wallender Schleier, den sie wie zum Gruße flattern ließ.

„Wenn heute der Mann auf dem Schimmel kommen wollte," sagte der Kranke, nachdem er lange, lange in die wunderbare Gegend geblickt, „so würde es ihm unangenehm sein, da unten auf dem Wege so viele neugierige Menschen zu sehen, und wenn ich mir die Sache recht überlege, so halte ich es auch für viel passender, daß sie an mich kommen mit großem Gefolge über das Wasser des Sees. Es würde sich passender machen, auch angemessener des wichtigen Augenblicks. Tritt deßhalb ganz hinaus an den Rand und sage mir, was du siehst."

Der Knabe that gehorsam, wie ihm befohlen war, und schlenderte, vielleicht zum hundertstenmale, bis an den Abhang der Waldeshöhe, wo er sich ins Gras niederließ, um behaglicher von Zeit zu Zeit melden zu können, wie er schon oft gethan, daß er nichts sehe. Er blickte auch kaum auf den See hinaus, sondern streckte sich lang dahin, stützte den Kopf auf den Arm und schaute verkehrt auf die Landschaft hinaus, derselben so neue und fremde Formen abgewinnend. — Auf einmal aber fuhr er empor. Was sah er dort hinten bei Starenberg? Das war nicht nur das Leuchten der Sonne auf dem Wasser, da blitzte und strahlte es durcheinander wie ganze Haufen von Gold und Edelsteinen. Da flatterten Fahnen in bunten Farben, da war es, als schwimmen Schiffe auf dem Wasser in so eigenthümlichen phantastischen Formen, wie er sie nie gesehen. — Kaum traute er seinem Blicke, er hatte sich überrascht aufgerichtet, er legte die Hand über die Augen, um schärfer zu sehen, — ja er irrte nicht, es war keine Täuschung gewesen; was er vorhin gesehen, verwandelte sich nicht, floß nicht auseinander, ja es wurde deutlicher und immer deutlicher.

Der junge Mann, der unter dem Baume saß, rief ihm jetzt zu: „Schau über den See hin und sage mir, ob du noch nichts siehst. Es muß ein unendlicher Glanz auf dem Wasser liegen."

„Bei Gott, Herr," sprach der Knabe eilig zurück, „ein unendlicher Glanz und fast noch mehr. Ist es mir doch wirklich, als sähe ich das, von dem wir so oft gesprochen."

Der Kranke hatte seine Hände übereinander gelegt und blickte mild lächelnd gen Himmel. „Endlich also?" sagte er leise. Dann nickte er mit dem Kopfe und sprach laut: „Siehst du vielleicht die goldene, vielruderige Galeere? Sie hat bunte Wimpel am Mast, rechts und links an den Wänden sitzen weiß gekleidete Knaben Harfen spielend, Anker und Laubwerk sind von reinem Golde. — Siehst du das?"

„So wahr mir Gott helfe," gab der Knabe in höchster Ueberraschung zur Antwort, „ich sehe die goldenen Schiffe. Und nicht eins, sondern zwei, drei, vier, noch mehrere, und kleine Nachen schwimmen rings umher, ebenfalls verziert mit bunten und goldenen Fahnen. — Was soll das bedeuten, Herr?" setzte er fast bestürzt hinzu.

„Die Bedeutung habe ich dir schon oft klar gemacht," entgegnete der Andere mit freudestrahlendem Antlitz, indem er sich rasch erhob und dann eilig herankommend mit zitternder Stimme sprach: „Aber so schnell hätte ich das Wunder doch nicht erwartet."

„Es ist wahrhaftig wie ein Wunder," meinte hinblickend der Knabe. „So was habe ich noch nie gesehen."

„Du nicht und viele Menschen nicht, es auch viele nach dir werden nicht wieder sehen." So murmelte der junge Mann entzückt, da er am Abhange stand und hinausblickte auf den See, und die gefalteten Hände hoch emporhob an seine Brust. „Das ist auch keine Kleinigkeit, mein Knabe," fuhr er nach längerem Stillschweigen fort; „das sind keine gewöhnlichen Menschen, die da unten, die sind von Gott besonders begabt, — es sind Künstler. Und sie kommen mir zu sagen, daß ich wieder einer der Ihrigen sein solle. Hörst du die Klänge ihrer frohen Lieder? Hörst du ihre rauschende Musik? Siehst du, wie das alles in Gold und Farben strahlt? — Hole mir mein Buch," setzte er hastig hinzu, „dort unter dem Baume liegt's. Ich fühle, wie schon bei dem Anblick der Geist wieder über mich kommt. Dies gewaltige und doch wieder so reizende Bild da unten — er streckte beide Hände darüber aus — muß festgehalten werden für ewige Zeiten! So, wie ich, wird das kein sterbliches Auge wiederschauen. — Hole mein Buch."

Während der Knabe zurücksprang, um es zu bringen,

ließ sich der junge Mann auf einen Stein nieder und nahm alsdann das Heft aus den Händen seines Begleiters, ohne dabei ein Auge von dem See zu verwenden. Es konnte aber auch in der That nicht leicht etwas Herrlicheres geben als das Bild, welches sich drunten auf der blaugrünen Seefläche zeigte, und welches um so schöner und glänzender wurde, je deutlicher es sich durch Näherkommen entwickelte. Gab es ein Wunder, so war dieses eins, denn Fahrzeuge von solcher Gestalt und solcher Pracht konnten sich wohl die ältesten Leute nicht erinnern, hier auf dem Wasser gesehen zu haben. Es mochten wohl zwanzig verschiedene Fahrzeuge sein, alle von kräftigen Schiffern gerudert, eines von dem andern in gewissen Entfernungen daher kommend und so eine große Fläche bedeckend. Aber wenn man auch noch so scharf hinblickte, so bemerkte man nichts, was an die Form gewöhnlicher Schiffe erinnert: was da unten schwamm, waren bunte Bilder in Gold und Silber eingehüllt, so reich und schön gestaltet, wie sie Phantasie und Poesie nur ersinnen konnten.

Alle andern Schiffe an Größe und Pracht der Ausstattung überragend schaute mitten aus ihnen der Bucentaur der Flotille hervor, ein ziemlich treues Nachbild des berühmten venetianischen Musters, welches der Doge betrat, wenn er sich dem Meere vermählte. Hier wie dort Gold auf allen Seiten, welches die Sonnenstrahlen ins Unendliche reflektirten; Purpurschmuck und vergoldete Schnitzereien deckten seine Wände, bunte Decken und langgefranste Teppiche, von den Seiten und im Hintertheile herabhängend, schleppten stolz im Wasser nach. Fahnen und Wimpel aller Art flatterten vom Mast und wehten vom goldenen Baldachin, der über dem Schiffe ausgespannt war. Und in welch' reicher Gestaltung umgaben die andern Fahrzeuge in ehrfurchtsvoller Entfernung dies Hauptschiff der königlichen Künstler! Wie war auch von ihnen von der früheren Form nichts mehr zu entdecken, alles in blühenden und bunten Schmuck verwandelt! Guirlanden schlangen sich als Takelage um die in Blumenstäbe verwandelten Maste; von deren Spitze flatterten lange, herabwallende Bänder; am Steuer wehten die Fahnen fast aller Länder; über den kleinen Flaggen wiegten sich oben stolz die Banner der Künstler und Sängerzünfte. Dort war ein Blumenschloß auf das Wasser gezaubert; zierliches Holzgeflechte bildete seine Mauern, hundertfarbige Blüthen schlangen sich durch die Gitter; hier stand ein Weihnachtsbaum in einem Schiffe, der Mast war eine schlanke hohe Tanne, Blumenkränze schwebten, unten immer zierlicher sich gestaltend, von ihm nieder; da schwankte auf einem andern Maste ein riesiger Blumenkorb, dort hatte wieder ein anderer Kahn sich ein Dach von lauter Flaggen und Fahnen zusammengesetzt.

So kam die Flotille in einem weiten Bogen daher, glänzend in ihren Formen, in ihrem Schmuck von Gold und Farben, strahlend im hellsten Sonnenlichte und belebt durch die malerisch gruppirten Gestalten, welche ihren Raum erfüllten und worunter besonders hervorleuchteten die hellen Gewänder der Frauen und Mädchen. Aber nicht bloß das Auge konnte sich ergötzen an diesen herrlichen Gebilden, sondern auch das Ohr lauschte entzückt den Klängen heiterer Lieder, die von Instrumenten und menschlichen Stimmen ausgeführt so klar und deutlich über das Wasser herüberflogen. Wie schienen aber auch die Ufer aufzuhorchen! Wie standen sie mit Grün und Fahnen festlich geschmückt da, die reizenden Uferlandschaften; wie hatten sie sich in bunte Farben gehüllt, all' die Villen und Dörfer rings umher, wie oft und lustig sandten sie krachende Böllerschüsse zu den geschmückten Schiffen hinüber!

Alles, was das Auge erfassen konnte, warf der junge Mann mit einer eigenthümlichen Hast auf das Papier nieder, und sein Begleiter, der ihm nach einiger Zeit über die Schultern schaute, fuhr fast zurück, als er ein getreues Bild des Wunders da unten jetzt hier mit kühnen und scharfen Strichen auf dem Papier erblickte. Das war erst das rechte Wunder, denn der Knabe erinnerte sich wohl, wie oft der Kranke den Bleistift auf das Papier gesetzt, wie oft er träumend Stunden lang gesessen, um alsbann tiefer aufseufzend seine fieberhaft erglühende Stirn mit seiner linken Hand zu bedecken, wenn es ihm nicht gelang, das was seinen Geist bewegte, in künstlerischen Strichen auf dem Papiere festzuhalten. Und es war ihm das ja nie gelungen. Er hatte dann trübe lächelnd zuletzt sein Haupt geschüttelt und gesagt: „Es geht noch nicht; ich muß auf das Wunder warten." — Und wie herrlich hatte sich das nun auf einmal gezeigt! Da brunten auf dem See in fabelhafter Gestaltung, hier oben an dem herrlichen Werk des jungen Mannes, das sich mit jedem Striche schöner und deutlicher dem Auge darstellte.

Da hielt der Maler einen Augenblick in seiner Arbeit ein, horchte und machte seinem Begleiter ein Zeichen mit der Hand, er solle sich hüten, die tiefe, feierliche Stille, welche nun mit einemmale rings umher herrschte, auch nur durch den geringsten Laut zu unterbrechen. Drunten auf den Fahrzeugen schwieg die Musik, man hörte nicht mehr das Rauschen der Ruder, denn diese waren mit einemmale eingezogen worden und alle Schiffe lagen still, alles in denselben war schweigend und erwartungsvoll. — „Das ist der Tag des Herrn!" stimmte der Sängerchor an. Und in richtiger Stimmung schienen die Wellen zuzulauschen, schien der Himmel andächtig herabzublicken, standen rings in der Weite die geschmückten Häuser und Villen wie fromme Zuhörer in der ungeheuren Kirche, die rings umher aufgebaut war. —

„Das ist der Tag des Herrn.
Der Himmel nah und fern,
Er ist so klar und feierlich,
So ganz, als wollt' er öffnen sich.
Das ist der Tag des Herrn."

Sechzehntes Kapitel.

Der Knabe oben am Rande der Waldeshöhe war auf die Knie niedergesunken, mitfühlend, was die da unten beteten, und der Kranke hatte den Bleistift fallen lassen, hatte sein Haupt tief herabgesenkt und in beiden Händen verborgen, lange, lange — lange nachdem der Gesang drunten aufgehört hatte und die Schiffe sich wieder in Bewegung gesetzt. Es war ihm so wohl, so selig, auf einmal wieder so glücklich zu Muth. Er glaubte, es sei eine Kette gesprungen, die seinen Nacken belastet, seine Brust zusammengeschnürt; aus seinen Augen tropften Thränen herab unaufhaltsam, und er machte auch keinen Versuch, sie aufzuhalten, denn es erregte ihn ein unendlich wohlthuendes Gefühl, nach langer Zeit wieder einmal weinen zu können, Thränen der Freude, Thränen des Glücks. Wie schwand mit jedem der rollenden Tropfen ein finsterer Schatten aus seinem Herzen, wie war es, als öffnete sich ordentlich sein Inneres, als gewännen jetzt erst seine Sinne wieder Kraft und Leben, um in sich aufzunehmen das reiche, blendende Bild der gewaltigen Natur rings umher. Wie glänzten seine Augen nach den rinnenden Thränen, wie freudig zuckte sein Mund; ja es war, als könne es die Ungeduld, die ihn beseelte, nicht länger sitzend aushalten, denn er sprang rasch in die Höhe, schwang seinen Hut hoch über dem Kopfe und jubelte laut und fröhlich zum See und zu den geschmückten Schiffen hinab.

„Und was ist denn das alles, Herr?" fragte der

Knabe, der besorgt dem so außergewöhnlichen Thun des sonst so stillen Mannes zuschaute. „Ist es denn wirklich ein Wunder?"

Worauf ihm dieser mit Begeisterung erwiederte: „Ja, es ist allerdings ein Wunder, was sich da unten begeben, ein vielversprechendes Wunder. Die deutschen Künstler aus allen Theilen des großen schönen Vaterlandes haben einen gewaltigen Schritt vorwärts gethan zur Einigung, indem sie gefunden und deutlich gezeigt, daß es wohl viele große und kleine Akademien und Malerschulen gibt, aber nur Eine deutsche Schule, nur eine deutsche Kunst, hoch und herrlich, wie alles, was im schönen Heimatlande durch festes Zusammenhalten glänzend hervortritt."

Er fuhr mit der Hand über die Augen und auf seinem bleichen Gesicht zeigte sich ein müdes Lächeln. „Es hat mich das angegriffen," sagte er; „ich will mich wieder dahinstrecken ins grüne Gras, träumend an den Himmel emporblicken und ausruhen."

„Wollen wir nicht lieber nach Hause gehen?" fragte mit besorgter Stimme der Knabe, denn die ungewöhnliche Aufregung des Kranken erschien ihm bedenklich.

„Nach Hause?" versetzte dieser jedoch mit finsterer Miene, wobei er heftig mit dem Kopf schüttelte. „Wo ist mein Haus? Doch nicht da unten, wo ich lange Zeit in dumpfigen Zimmern gelebt und immerfort denselben beängstigenden Traum geträumt? — Nein, nein!" fuhr er haftiger fort, „weißt du, wo mein Haus ist und wohin es mich so gewaltig zieht? — Blicke dorthin. Siehst du die Zugvögel nach Süden eilen? Die zeigen mir den Weg, ihnen will ich nach, um dem kalten, frostigen Winter zu entgehen, der mich so lange, so hartnäckig zurückhielt, und um — sie wiederzufinden, — das sprach er mit leiser Stimme — in einem ewigen, unwandelbaren Frühling. — Nicht in ihre Arme will ich eilen," murmelte er; „o nein, nein! auf der Schwelle ihrer Wohnung niederknien werde ich und sie anflehen, daß eine Bitte ihrer reinen Seele mir Vergebung verschaffe hier und dort. Aber jetzt laß mich ruhen, laß mich schlafen und wecke mich nicht eher, als bis sich die Waldeshöhe drüben belebt durch Musik und Gesang."

Unterdessen hatten sich die goldenen Schiffe unter den feierlichen Klängen des Walhalliedes dem Ufer genähert, legten sich an die Landungsbrücken, und die lustige Künstler=
schaar, die heiteren Gäste, schöne Frauen und Mädchen, alles durcheinander, hoch überflattert von den bunten Fah=
nen und Wimpeln, die vorangetragen wurden, in der prächtigsten Farbenmischung, betraten das Land und be=
wegten sich von da in einem langen, feierlichen Zuge zur Waldeshöhe hinauf. Lange noch sah man sie vom Ufer aus durch den grünen Wald hinaufziehen, lange noch be=
merkte man die leuchtenden und flatternden Fahnen, die

hellen Gewänder, lange noch hörte man die Klänge der Musik, lustiges Plaudern und Lachen.

Und wie war droben alles zu ihrem Empfange eingerichtet! Wie schimmerte dort zwischen dem Baumdickicht hervor das weißliche Holz der Buden, der langen Tische und Bänke, die auf dem Moosteppiche aufgeschlagen waren; wie flatterten auch hier von den Bäumen, sowie von aufgerichteten hohen Stangen Fahnen aller Farben; wie sinnreich war auf einer Lichtung die mit Riesenstämmen umgeben war, der Tanzplatz errichtet, wo sich die Jugend in lustigem Reigen drehen sollte. Er war eingefaßt mit aufgesteckten Tafeln, auf denen sinnige Sprüche standen, sowie mit den verschiedenen Künstlerwappen, welche bald hier, bald da an den Bäumen angebracht waren und mit ihren brillanten Farben so hell und angenehm von dem grünlichen Grau der alten Stämme abstachen.

Und welch lustiges Leben zog wie ein frischer Luftzug über die unvergleichliche Rottmannshöhe. Wie wurde geplaudert und gelacht, gejubelt und gesungen, getanzt und gesprungen! Wie freudig erklang das Klappern der zinnernen Krugdeckel nach einem Toast, der hie und da ausgebracht wurde; wie hörte man ein fröhliches Lied aus dem Dickicht erschallen, um plötzlich wieder überstimmt zu werden durch einen vollen Chorus, oder zerrissen durch die plötzlich einsetzende Tanzmusik. Da fanden sich Bekannte zu Bekannten, die vielleicht zusammen nach München gekommen, sich dann in dem Strudel des gewaltigen Lebens verloren und heute erst wieder sahen; da traf man auf Freunde, die man hundert Meilen entfernt glaubte, und tauschte einen herzlichen Händedruck, ein lustiges: „Grüß Gott!" mit Genossen früherer Zeiten, die man Jahre lang nicht gesehen und die uns nach diesem Zusammenstoß, auch jetzt wieder auf ihrer eigenthümlichen Bahn auf Jahre verschwinden werden.

Sei es drum, diese Versammlungen deutscher Künstler werden sich wiederholen und uns wieder mit diesem und jenem, in dessen Nähe wir sonst nicht kommen würden, zusammenführen. Haben wir doch hier unter dem schattigen Laubdach sitzend, aus Einem Kruge zusammengetrunken, haben uns von vergangenen Tagen erzählt, nach diesem und jenem gefragt, vielleicht auch nach dieser und jener, haben uns gefreut, wenn wir erfuhren, daß es denen, an welchen unser Herz immer noch ein bischen hängt, wohl und glücklich geht, oder haben nachdenklich die Achseln gezuckt, bei einem: gestorben und verborben. — Fahre hin! — Und auch du für heute. Dort sehe ich andere lustige Gesichter, die mich schon von weitem mit hoch erhobenen Händen freundlich grüßten. — Auch du hier? — Versteht sich, wie du siehst. — Und dieser und jener? — Auch; den findest du dort vorn an der Rednerbühne. — Ein Arm schiebt sich in den unsrigen und wir ziehen nach dem schönsten Platz der Rottmannshöhe, wo am Abhange, am Rande der dichten Baumkronen, da wo auch des großen Landschafters Denkmal steht, die Rednerbühne errichtet ist. Eine Rednerbühne darf natürlicher Weise nicht fehlen bei einer Versammlung deutscher Künstler. Hier hatte sie sich einen wunderbaren Platz ausgesucht. Im Rücken geschützt durch den dichten Wald, vor sich tief hinab einen grünen Vordergrund, der sich in Wiesen und Feldern verlief bis zu dem grünlich schimmernden herrlichen See, hinter welchem sich die Alpen wieder hoch und stolz erhoben, in immer neuer ergreifender und überwältigender Pracht und Herrlichkeit. Es war das ein Platz, von dem aus man hätte der weiten Landschaft predigen können, die sich in so malerischer Schönheit wie aufmerksam und aufhorchend umher gruppirte.

Wenn es zwischen den dichten Bäumen an den langen Tafeln, auf dem Tanzplatze lustig herging und sich dort überall ein frisches Treiben kundgab, so war der Abhang vor und neben der Rednerbühne nicht weniger malerisch belebt. Dort lagerten Männer, Frauen und Mädchen in größern und kleinern Gruppen und Gesellschaften, hier wurde ebenfalls geplaudert und gelacht, hier erklangen wie im schattigen Dunkel des Waldes Lieder und Toaste; hier hatten sich Bekannte und Freunde zusammengethan, und jeder Kreis, mochte er auch aus den verschiedenartigsten Elementen bestehen, war heute wie eine einzige Familie und hieß jeden willkommen, der sich mit offener Stirn und fröhlichem Gesichte näherte.

Da lagerte eine Gruppe süddeutscher Künstler, einige Schwaben, ein paar Schweizer, und die letzteren, die doch sonst neben der Schönheit ihres Vaterlandes nicht gern etwas Anderes der Art aufkommen lassen wollen, gestanden uns zu wiederholten Malen mit leuchtenden Blicken, daß sie ergriffen seien von der Schönheit des Starenberger Sees, besonders am heutigen Tage. — Ja, der heutige Tag zeigte auch alles in der wunderbarsten Vergoldung, war doch Sonne genug da und heitere Laune überflüssig, wurde doch jeder herzlich empfangen, auch ohne daß ihn jemand vorstellte und einführte, nur wenn er selbst Lust hatte, sich den heiteren Kreisen zu nähern. War doch einer der Schwaben mit dem fremden Maler, den keiner kannte, Arm in Arm daher gekommen und hatte lächelnd erzählt, wie er ihn allein auf einem Baumstamme sitzend gefunden weit jenseits des Tanzplatzes und der Wirthschaftsbuden, und wie er, der lustige Schwabe nämlich, jenem mit vollem Recht bemerkte, er begreife nicht, wie man sich an einem solchen Tage in sich selbst zurückziehen könne. Nun brachte er ihn mit, und die Genossen empfingen ihn freundlich.

„Das ist mein Bekannter, der Tannhäuser," stellte ihn der Schwabe vor; „ich muß ihn früher irgendwo einmal gesehen haben, wo? weiß ich nimmer recht; das thut aber auch gar nichts zur Sache. Er wohnt drunten in Leoni und hat heute schon für uns alle gearbeitet. Ich sage euch: eine wunderbare Ansicht vom See mit den Schiffen. Laß sehen, Tannhäuser."

Und darauf gab der Tannhäuser nicht ungern, wohl aber ängstlich, sein Zeichenheft her. Als die Andern die Ansicht vom See sahen, die er gezeichnet mit der duftigen Fernsicht und dem bunten Gewimmel der Schiffe auf dem Wasser, da nickte der Erste, der hineingeblickt, schweigend mit dem Kopfe und nahm darauf sein Maßkrügel, um dem Kunstgenossen zuzutrinken.

Dieser saß zuerst da still in sich versunken, wie von einem tiefen Traume befangen. Er schaute mit so eigenthümlichen Blicken auf die lachenden und plaudernden Gruppen der schönen Frauen rings umher, er fand es so seltsam und doch wieder so hübsch, daß alle, auch die, welche einander völlig fremd waren, ein allgemeines Band der Freude umschloß, daß man einem Unbekannten, dessen strahlende Blicke den unsrigen begegneten, freundlich zuwinkte, daß man sich erlaubte, einem frischen, reizenden Mädchen, die dort saß, das volle Haar mit grünen Blättern bekränzt, grüßend zuzunicken, und daß ein solcher Gruß bestens erwidert wurde. Das ganze Leben und Treiben rings um ihn her kam ihm so neu und doch wieder so bekannt vor; es klang in ihm wieder wie eine liebe, bekannte, längst vergessene Melodie, die wir uns aus einzelnen Klängen wieder zusammensetzen und die dann endlich

Sechzehntes Kapitel.

wieder so wohlthuend unser Inneres durchrauscht. Dabei wagte er es nicht, an die vergangene Zeit zurückzudenken; die lag hinter ihm wie ein wüster, unerquicklicher Traum. Er ruhte wirklich am Abhange eines Berges mit wunderbarer Aussicht und blickte träumend auf Thal, Wasser und Berg, die jetzt so unaussprechlich schön vom goldenen Strahl der sinkenden Sonne beglänzt wurden, und wagte dabei nicht rückwärts zu schauen in dichte, dunstige Wolkenmassen, die eine Vergangenheit umschleierten, die hinter ihm trüb zusammengeballt von zuckenden Blitzen zerrissen sich gespenstig drohend aufbäumten und ihn mit dumpfem Grollen und Murren vorwärts zu treiben schienen, nach Süden hin, wo sein Himmel noch klar und rein war.

Aber die Wolkenmassen, die er in seiner Phantasie sah, zogen auch in Wirklichkeit hinter den Waldeshöhen auf und standen am späten Nachmittage dieses unvergeßlich schönen Tages als Gewitter hinter dem Peißenberg, so dem Feste ein frühzeitigeres Ende machend, als vielleicht sonst der Fall gewesen wäre.

Die Schweizer, bei denen sich Tannhäuser niedergelassen, und die den stillen, bescheidenen Kunstgenossen bald lieb gewonnen, wollten nicht mit der Künstlerschaar nach München zurückkehren; sie hatten unter sich eine Fußtour verabredet, von der sie sich viel Schönes versprachen. Der Tannhäuser gab seinen Wunsch zu erkennen, sich ihnen anschließen zu dürfen, und als sie ihm durch einen herzlichen Handschlag kund gaben, daß sie seine Begleitung bis zum Fuße der großen Alpen, welche Italien von der Schweiz scheiden, und wo sie daheim waren, gern annahmen, da zuckte es freudig durch sein Inneres.

Darauf zogen die munteren Schaaren, die droben getagt in Scherz und Ernst auf der Rottmannshöhe, mit Sang und Klang wieder hinab nach dem Ufer des Sees; bald hatten sich die Schiffe wieder gefüllt und mit einbrechender Dunkelheit schwamm die bunte Flotte wieder auf den jetzt tiefblauen Wellen. Der Himmel hatte sich dort drüben immer finsterer bezogen und so das Tageslicht früher und gewaltsam verdrängt. Aber anderes Licht, anderer Glanz war nun an dessen Stelle getreten. Zwischen den Blumen und Blüthen des Takelwerks erglühten an den Schiffen buntfarbige Lampen, Ballons entzündeten sich, Fackeln loderten auf; auf den Uferhöhen leuchteten Feuer, einzelne Landhäuser strahlten in bengalischem Lichte und am Himmel stritten das tiefdunkel verglühende Abendroth, das Wetterleuchten des immer näher ziehenden Gewitters und der die Wolken durchbrechende volle Schein des Mondes um die Herrschaft des Lichtes in der einbrechenden Nacht. Wieder zogen die Klänge der Musik, die Lieder der Sänger über das Wasser hin; aber nicht mehr so ruhig, wie am Morgen trugen die Wellen die Schiffe; in immer lebendigerem Tanze schaukelten sie auf dem Wasser. Der See fühlte schon den Kampf der Nacht. —

Sechzehntes Kapitel.

Ueber den See schwamm ein kleines Boot unter kräftigem Ruderschlage. Es saßen vier Künstler darin, die in Leoni von Freunden und Bekannten Abschied genommen; drei von ihnen blickten rückwärts auf den immer dunkler werdenden See und auf das prachtvolle Schauspiel der dorthin ziehenden Künstlerflotte. Wie vielfarbige Sterne nahmen sich die bunten feurigen Ballons an dem Mast- und Takelwerk aus; und dazwischen erschienen die Pechpfannen anderer Schiffe wie dunkelglühende Meteore. Wunderbar schön war bei diesen der grelle Widerschein auf dem Wasser, und überraschend die Wirkung, wenn aus den Pechkränzen beim Schwanken der Schiffe lodernde Feuerklumpen in das aufspritzende Wasser fielen. Gedämpft, aber doch noch deutlich trug der Wind die Klänge der rauschenden Musik herüber, und die drei Künstler sangen die Worte dazu.

Der vierte der jungen Leute saß an der Spitze des Bootes und blickte an den Himmel hinauf, der vor ihnen noch lichte Stellen zeigte, welche aber die heranziehenden Wolkenmassen schon mit ihren Nebelarmen zu umziehen drohten. Es war dort ein Hin- und Herwogen, ein halb Klarer-, bald Dunklerwerden, ein Aufblitzen einzelner Sterne, die sich auf diese Art bald zeigten, bald wieder verschwanden. Nur einer dieser leuchtenden Himmelskörper blieb in hellerem, bläulichem Glanze, in ungetrübter Klarheit noch eine Zeit lang dort hinten über dem Horizonte stehen, und ihn kannte der Tannhäuser nur zu gut und verhüllte schmerzlich berührt sein Haupt, um diesen Stern nicht mehr zu sehen, — die hellleuchtende Venus.

Siebenzehntes Kapitel.
Pilgerfahrt.

Bis Zürich war der Tannhäuser mit den drei Schweizer Künstlern gereist, mit denen er vereint den Starenberger See am Abende des schönen Festes verlassen, und nachdem er sich in der freundlichen Stadt noch ein paar Tage bei den Genossen aufgehalten, die ihn lieb gewannen und nur ungern ziehen ließen, nahm er seine Wanderung wieder auf und wandte sich über den Züricher und Wallenstädter See nach Chur, um von da über den Paß des Splügen nach Italien zu gelangen. Er hatte diesen Weg, denselben, den er vor ein paar Jahren in ganz anderer Gesellschaft und unter anderen Verhältnissen gewissermaßen glücklich, gesund, auch heiter und froh zurückgelegt, absichtlich gewählt, um seinem Herzen durch die Erinnerung an jene Zeiten im Gegensatz zu den heutigen wohl und wehe zu thun.

O diese Contraste zeigten sich ihm in allem, bei jedem Schritte. Damals war es Frühjahr, Blätter und Blumen beeilten sich, geweckt vom Glanz einer milden Sonne, hervorzukommen, um die wieder erwachte Erde bereitwillig zu schmücken; eine klare, weiche Luft umspielte die Wangen des Dahinwandelnden, zeigte den Himmel in tiefem Blau, die Schatten aber in warmen duftigen Tönen und ließ den entzückten Blick weit hinab in die Schluchten bringen und dort die klaren Wellen des herabstürzenden Bergwassers durchsichtig erscheinen, wie Bänder schimmernder Kristalle, edle Steine aller Art erzeugend in der lustigen Beweglichkeit des Wassers, im Glanze des Sonnenlichtes.

Und heute! Es war Herbst geworden, und ein kaltes Regenwetter, das schon von Chur aus den Reisenden begleitete, ließ die Berge rechts und links von der Straße sich verdrießlich in ihre Nebelkappen hüllen, färbte den Himmel schmutziggrau und drückte die Wolken tief auf die feiernde, nasse Erde hinab. Windstöße, die den Wanderer durchschauerten, strichen unsanft über das verdorrende Gras und rissen die verwelkten Blätter von den Bäumen. Finster und unheimlich gähnte die Schlucht des Viamalapasses. Da waren verschwunden, abgewischt alle die freundlichen Verzierungen durch Blumen und Sonnenschein, da konnte nichts aufkommen von den heiteren Phantasieen, mit denen man sonst die Alpen ersteigt, um drüben das sonnige Italien zu finden; da wurde die lebhafteste Einbildungskraft niedergedrückt von der rauhen und grauen Wirklichkeit; da sauste der kalte Regen scharf und schneidend in die Schluchten hinein, und wo sich auch die fallenden Tropfen zitternd verbargen unter welkem Laub und herabhängendem Grase, da waren sie nicht lange geduldet, denn Laub und Gras schüttelten unmuthig die nassen Gäste von sich, und dann sah man sie trübselig von den Felsen herabsickern durch lehmige Furchen an den Seitenwänden des Weges fließend verschwinden. Tief drunten zu den Füßen der starrenden Felsenmassen tobte und brauste weiß schäumend der hochgeschwollene Rheinstrom, und wenn er sich donnernd über sein Felsenlager wälzte, so schienen die qualmenden Nebelmassen erschreckt aufwärts zu fliehen und zogen sich lang und gespensterhaft um die Berghäupter und in die Schluchten hinein.

Es drängte den Wanderer rastlos vorwärts, er hoffte noch vor der sinkenden Nacht das Dorf Splügen zu erreichen, dessen freundliches Gasthaus ihm noch von damals her in Erinnerung war und dessen er jetzt lebhafter als je gedachte. Wer weiß aber, wann er dort angekommen wäre, wenn nicht ein mitleidiger Postillon, der seine vier Extrapostpferde vor ein leichtes Wägelchen gespannt, ihn aufgenommen hätte, ihm auch eine Decke gegeben, um die warme Hülle über seinen etwas gar zu leichten Paletot zu legen. — So fahren zu können, that seinen erstarrten und ermüdeten Gliedern wohl; auch erwärmte er sich behaglich unter der dicken Umhüllung, und wie er zusammengekauert auf dem Sitze des kleinen Wagens saß, versank er bald in halbwache Träumereien. — Und in diesen Träumen spielte immer noch scharf und schmerzend die damalige Zeit. War es ihm doch oft, als sähe er neben sich vorbei ziehen den eleganten Reisewagen der Fürstin, sich selbst nachläßig und bequem in der Ecke lehnend, ein Buch in der Hand oder eine feine Havanna rauchend. Dann war es ihm auch wieder, als ginge dort vor ihm Elise und als gelangte er jetzt an ihre Seite, um mit ihr freundlich plaudernd weiter zu schreiten. Aber obgleich er diese Gestalten erkannte, traten sie doch nicht deutlich und scharf vor seine Seele; sie erschienen ihm schatten= und nebelhaft, wie man etwas sieht, das, obgleich es dicht vor uns liegt, doch finster und undeutlich erscheint, wenn unser Auge von einem Glanze geblendet wird, der wohl weit entfernt, aber prächtig vor uns aufsteigt. Und in diesem Glanze, der für ihn täglich, stündlich zunahm, sah er ihr Bild immer klarer und deutlicher werden, je mehr die Andern verschwanden, aber er sah es nicht wie eine irdische Erscheinung, sondern Franceska erschien ihm in seinen Träumen wie ein lichter Engel mit mildem Lächeln über den kleinen und großen Leiden dieses Erdenlebens schwebend, von einer strahlenden Glorie umgeben. —

Wenn er alsdann erwachte vom Stoßen des kleinen Wagens oder vom schärfern Anziehen der Pferde, so waren freilich alle die glänzenden Bilder zerrissen und die rauhe Wirklichkeit trat in Nebel und Regen wieder erkältend an ihn heran. Er wickelte sich fröstelnd auf's neue und fester in die Decken und nickte mit dem Kopf, wenn der gutmüthige Postillon sich auf seinem Pferde umwandte und ihm lachend zurief: „Nicht wahr, Herr, es ist doch weit besser, bemüthig gefahren, als stolz zu Fuß gehen? Na, bald sind wir droben."

Der Tannhäuser versank wieder in seinen Halbschlummer, zusammengebückt, wie er saß, die Decke wie eine Zeltwand vor sich zugezogen, und es traten Bilder aus seiner Jugendzeit vor ihn hin; als er, ein kleiner Knabe, sich mit andern Gespielen aus Brettern und Glasfenstern im Garten ein Häuschen gebaut, wo sie behaglich zusammen kauerten, während draußen Regenschauer niederprasselten und wo sie mit einem innigen Wohlbehagen sahen, wie von ihren Athemzügen die Fensterscheiben dicht vor ihren kleinen Nasen dunstig anliefen.

Der Klang des Posthorns zerriß auch diesen Traum, dann hielt der Wagen; das Licht einer Laterne, die hoch emporgehalten wurde, drang ihm fast schmerzlich in die Augen, man half ihm vom Wagen und führte ihn in ein sanft erwärmtes Zimmer. Als er dem Postillon hierauf seine Decke zurückgegeben, erstaunte dieser über das reichliche Trinkgeld, das er dafür von dem armen Passagier erhalten, den er eigentlich nur um Gotteswillen auf der Straße aufgelesen.

„Ich kann euch versichern," sagte er drunten in der Kutscherstube, nachdem er den triefenden Mantel abgelegt, „der hat mir so viel gegeben, daß er davon ganz gut die Post von Chur bis hier hätte bezahlen können. Es gibt doch sonderbare Leute in der Welt."

Dasselbe dachte auch der Wirth in Splügen, nachdem ihm der Postillon über den Fremden gesprochen und er darauf benselben, als er bei dem einfachen Nachtessen saß, etwas genauer betrachtete. Das Aeußere des Gastes paßte so gar nicht zu einer Herbstreise über die Alpen; der dünne Rock und Paletot, die feinen Stiefel und Handschuhe und hiebei wieder die krankhafte Blässe des eingefallenen Gesichtes, der seltsame Glanz der Augen und ein leichter Husten, der häufig zwischen den zuckenden Lippen hervorbrang. Der Wirth des Splügen hatte freilich schon häufig genug ähnliche Gestalten wie die des Fremden eilig und ängstlich über die Alpen herab kommen sehen; aber von hier hinaufgezogen waren der Art Reisende nur wenige. Nun es konnte ja auch jemand Ursache haben, dachte er, ein Asil in Italien zu suchen, wie es umgekehrt schon so oft der Fall gewesen. Und daß dergleichen bei dem Gaste zutraf, schien dem Wirthe um so glaubwürdiger, als ihn derselbe am andern Morgen ein Legitimationspapier durchzusehen bat, ob es auch in der Form für die Grenze droben volle Gültigkeit habe. Dieser Paß war in Zürich ausgestellt und vollkommen in Ordnung. Doch konnte der freundliche Wirth von Splügen sich nicht enthalten, seinem Gast, der den Entschluß kundgab, das Gebirge zu Fuß zu übersteigen, auf die Berghöhen aufmerksam zu machen, die in Folge des gestrigen Regens im Thal in einer leichten Schneedecke prangten. Wenn heute freilich auch die Sonne wieder schien, so sah man doch, wie der scharfe Wind vom Berg herunter kam, die Zweige der Bäume heftig erschütterte und welke Blätter vor sich hin jagte.

„Um Mittag kommt die Post," sagte der Wirth, „und wenn ich Ihnen einen Rath geben dürfte, so wäre es der, sich dort einen Platz zu nehmen, und Sie sind dann Abends bei guter Zeit in Chiavenna. Verzeihen Sie mir meine Aeußerung, aber Sie scheinen kürzlich krank gewesen zu sein, und da könnte Ihnen eine Fußtour über die Höhen bei solch schneidendem Winde schlecht bekommen. Und troß des verschlossenen Wagens müssen Sie einen Mantel mitnehmen, den ich Ihnen geben werde und den Sie beim Posthalter drüben in meinem Namen ablegen können."

Der Tannhäuser dankte auf's herzlichste für die Freundlichkeit, welche ihm erwiesen wurde, und da er heute Morgen einen stechenden Schmerz in der Brust, den er schon seit mehreren Tagen gespürt, lebhafter empfand, so setzte er sich um Mittag in den Postwagen und kam Abends nach Chiavenna.

Pilgerfahrt.

Hatte der Wirth in Splügen schon über Manches im Benehmen seines Gastes den Kopf geschüttelt, und dasselbe eigenthümlich und seltsam gefunden, so wurde ihm dieser noch räthselhafter, oder wenn man will, er fand die Möglichkeit, sich Manches zu erklären, als an dem Tage, wo sein Gast Mittags gegen Chiavenna gefahren war, bei einbrechender Dämmerung ein leichtes Reise-Coupé, von vier schaumbedeckten Pferden gezogen, vor seiner Thüre hielt. Der Postillon, welcher vom Sattelpferd herabstieg und von dem scharfen Ritt ziemlich steif geworden war, stellte sich mit gespreizten Beinen neben seine Rosse, welche alle vier die Köpfe hängen ließen, und rief dann dem Hausknecht zu, der zum Ausspannen herbeieilte, während er sich etwas verlegen am Kopfe kratzte:

„Dein Herr wird hoffentlich kein Gerede davon machen, daß wir ein bischen scharf da hinauf gefahren sind; Courierpferde hat die da drin ohnehin bezahlt und obendrein von einer halben Stunde zur anderen ein paar Franken Trinkgeld mehr geboten. Man will auch was verdienen, bei Gott! und wenn wir die Roß' tüchtig abreiben, so schadet's ihnen nichts. Heute Nacht bleiben wir da; mach' nur gleich eine Streue, daß sie bis an den Bauch im Stroh stehen. Hü — Bleß!"

Darauf war der Wirth an den Wagen getreten und hatte zwei Damen beim Aussteigen geholfen, beide in

Pelz gewickelt, wovon die Eine, die etwas älter schien, hastig nach einem Zimmer sowie nach einer Unterredung mit ihm, dem Wirthe, verlangte. Diese Unterredung war es nun, die ihn einigermaßen aufklärte über jenen Gast, der nun in dem Augenblicke, wo er mit der Dame sprach, schon jenseits der Alpen gegen Campo dolcino hinrollte, weit genug entfernt, um, da ohnedies die Nacht die Thäler und Schluchten des Gebirgs auszufüllen begann, nicht mehr eingeholt zu werden.

Das sagte der Wirth zu Splügen auch der Dame, welche die Stirne an die kalte Fensterscheibe drückte und ihre unruhigen Blicke aufwärts zum Splügen sandte. „Wenn er es eilig hat," fuhr er fort, „so kann er morgen früh mit aller Bequemlichkeit in Mailand sein. — Ja, mit aller Bequemlichkeit," fuhr er nach einer Pause fort und fügte noch hinzu: „Ja wohl — ja," als er bemerkte, daß die Dame am Fenster keine Antwort gab und er das Gespräch nicht wollte ins Stocken kommen lassen.

Doch schien sich die fremde Dame in die immer dunkler werdenden Schluchten des Splügen, welcher vor ihr lag, vertieft zu haben, denn sie antwortete nichts, ja wandte sich nicht einmal zum Wirthe herum.

„Es ist eigentlich meine Schuld," fuhr dieser fort, nachdem er ein minutenlanges Stillschweigen durch verschiedene Hms! Hms! auszufüllen versucht, „daß der Herr — jetzt schon jenseits des Berges ist. Hätten wir ihn nicht überredet, es sei nicht thunlich für ihn, in dieser Jahreszeit zu Fuß über den Splügen zu gehen, so würde er jetzt wahrscheinlich noch lange nicht das Zollhaus erreicht haben, und —"

„Wie so?" unterbrach ihn rasch die Fremde; „er wollte zu Fuß gehen?"

„Ja, gerade so wie er hier ankam," gab der Wirth zur Antwort; „so sagte er."

„So fehlt es ihm — — an Mitteln, an Geld?" sagte die ältere Dame mit einem eigenthümlichen Tone, worauf die andere, die jüngere, welche sich bis jetzt mit einer großen Reisetasche zu thun gemacht, hastig näher trat, um dem Wirth in das Gesicht zu sehen.

Dieser rieb sich die Hände und versetzte alsdann: „O nein, an Geld fehlt es ihm nicht, und selbst wenn dies der Fall gewesen wäre, so würde man einen so anständigen jungen Herrn gewiß gern aus seiner Verlegenheit gerissen haben. Gewiß," setzte er betheuernd hinzu, „es ist das schon häufig vorgekommen, und der Postmeister von Splügen weiß, wen er vor sich hat."

„Er kam zu Fuß hierher in diesem schauerlichen Herbstwetter?" fragte die ältere Dame und ihre Stimme bebte leise.

„Ja und nein," gab der Wirth zur Antwort. „Eine Stunde von hier traf ihn einer meiner rückkehrenden Postillons und ließ ihn aufsitzen, weil er bemerkte, daß der

fremde Herr sehr blaß aussah und vor Frost und Un=
wohlsein zitterte."

Ein schmerzlicher Ausruf entfuhr beiden Damen, und
die eine, welche bisher immer gesprochen, wandte sich wieder
dem Fenster zu, legte ihre Stirne auf die Hand und man
hörte ein leises Schluchzen.

„O mein Gott!" rief die Andere in schmerzlichem Tone,
„so war er krank? — Körperlich krank? — Und er sprach
mit Ihnen," setzte sie hastig hinzu, „so wie man gewöhn=
lich spricht?"

„Gewiß, meine schöne Dame, wie man gewöhnlich
spricht," sagte der Wirth. „Etwas einsylbig war er freilich,
was ich wohl begreiflich fand, denn er klagte über Brust=
schmerzen, und das war auch wohl der Grund, weßhalb
er sich überreden ließ, einen Platz im Postwagen zu
belegen."

„Sonst glauben Sie wohl, er wäre zu Fuß über den
Berg gegangen?"

„Davon bin ich überzeugt, wie er mir auch gesprächs=
weise sagte, er werde von Chiavenna an seinen Reisestab
weiter ins Land setzen und nach Rom pilgern."

Die Dame am Fenster fuhr so heftig zusammen, daß
sich die andere ihr näherte, ihr sanft eine Hand auf den
Arm legte und einige Worte in weichen, schmeichelnden
Tönen zu ihr sprach.

„Ah! eine Pilgerfahrt nach Rom! — Und das sagte

er in sehr exaltirter Weise? mit eigenthümlichen Ausdrücken? Er hoffte auf ein Wunder oder so etwas. —"

Der Wirth schüttelte mit dem Kopfe. „Von Exaltation," sagte er nach einer Pause, „habe ich nicht das Geringste bemerkt. Der Herr sprach sehr ruhig und überlegt, etwas leidend freilich — müde, wie auch sein Aussehen war. Er meinte, die Luft in Italien würde ihm wohl thun, ihm zur Ruhe verhelfen. — — — — —"

Jetzt trat, da die Dame am Fenster keine Antwort gab, wieder eine Pause ein, die sich so verlängerte, daß der Wirth, nachdem er ein paar Minuten vergeblich auf Antwort gewartet, laut und vernehmlich hustete und sich mit dem Bemerken nach der Thüre zurückzog: die Damen würden keine Befehle mehr für ihn haben.

Da er auch durch kein Wort weiter aufgehalten wurde, so verließ er das Gemach.

Unterdessen war es so dunkel geworden, daß man im Zimmer die Gestalten der Damen nur noch in undeutlichen Umrissen sah. Die ältere der Beiden war auf einen Stuhl niedergesunken, hatte die Hände vor das Gesicht gepreßt und weinte leise. Die Andere stand neben ihr, hielt den Kopf zu ihr hinab gebeugt und flüsterte ihr zuweilen ein Wort zu. Das dauerte wohl so eine Viertelstunde, dann erhob die, welche saß, ihr Haupt, strich mit beiden Händen über ihre Stirn und Schläfe und sagte nach einem tiefen, tiefen Athemzuge: „Ja, er wird Ruhe finden — und ich auch, er vielleicht noch glücklich werden. Noch einen Blick gen Süden, noch einen heißen Wunsch für sein Glück, für das Wohl seiner Seele, dann wollen wir nordwärts ziehen. Dort der schwarze Berg, der sich in der Dunkelheit um so riesenhafter vor uns aufthürmt, tritt wie das unerbittliche Schicksal zwischen uns und weist mich gebieterisch zurück. — — — Ah!" fuhr sie nach einer Pause fort, wobei es sie wie ein Schauer überflog; „seine Pilgerfahrt zu stören, ihn aufhalten zu wollen — — — nie, nie würde ich mir es erlauben. — Aber ein Wunder ist doch geschehen, Therese, bist du nicht auch davon überzeugt?"

„Ja," versetzte das junge Mädchen, und fügte mit leiser Stimme hinzu: „Und ich danke Gott dafür — —"

„Amen! — — — —"

Am andern Tage führte derselbe Postillon, der mit Courierpferden nach Splügen gefahren war, den Wagen mit den beiden Damen wieder gen Tusis hinab. Er machte ein äußerst vergnügtes Gesicht, denn seinen Pferden hatte die Anstrengung nicht geschadet, auch verdiente er doppeltes Trinkgeld. Mit einem pfiffigen Lächeln schwang er sich in den Sattel, und als der Wirth von Splügen die Wagenthüre geschlossen und mit einer tiefen Verbeugung zurücktrat, wickelte der Postknecht lustig pfeifend seine Peitsche ab, sah noch einmal nach dem Radschuh, ob er befestigt sei, und dann ließ er die Pferde dem brausenden Rheine entlang hinablaufen, was sie nur mochten.

Noch mehrere Tage lang drehte sich indessen das Ge=
spräch im Wirthshaus des Dorfes Splügen um den sonder=
baren Passagier und jene beiden Damen, worauf der Wirth,
der seinen Gästen gegenüber gerne that, als wisse er wohl
mehr von der Geschichte, was er ihnen aber nicht anver=
trauen dürfe, kopfnickend sagte: „Ja, hier oben so nah an
der italienischen Grenze passirt Manches, wovon man sich
drunten nichts träumen läßt."

Der Tannhäuser aber ging am andern Tage zu Fuß
weiter durch das Pregagliathal über die schäumenden
Wellen der Moira und Lira dem Comer See zu. Wenn
auch sein Auge entzückt war von der wunderbaren Schön=
heit dieser Gegend und es ihn auch zuweilen anwandelte,
sich in einem der kleinen, so malerisch gelegenen Dörfer
niederzulassen und dort zu bleiben, vergessen und vergessend,
so beschlich ihn doch nur für Augenblicke ein solcher Ge=
danke, und er schreckte sich alsdann selbst wieder empor
aus einer gewissen Ermattung des Körpers und der Seele,
der jener Gedanke entstammte, und es tönte in ihm vor=
wärts, vorwärts bis zum Ziele!

So kam er durch Mailand, so pilgerte er nach Genua,
oft angestaunt und belächelt von den ihm Begegnenden, die
ihm nicht selten kopfschüttelnd nachsahen. Doch bemerkte
er nichts von diesen Blicken und hörte keines der Worte
des Erstaunens, die ihm häufig folgten. Er träumte viel,
lebhaft und tief, und es war ihm oft zu Muthe, als sei

seine ganze Reise ein Traum und er müsse plötzlich erwachen, unter jener Veranda des kleinen Hauses sitzen und von dem Lichtschein der Ampel erweckt werden, welche Francesfa mit dem lieben Lächeln und ihren schönen guten Augen auf den Tisch setzte.

– So ging er in Genua träumend an Bord des Schiffes, so blickte er träumend in die Wogen des Meeres, und die ewige Bewegung derselben wiegte ihn noch tiefer ein, und dabei war es, als sängen ihm die Wellen, wenn sie an den Wänden des Schiffes vorüberschlifſen, allerlei seltsame Lieder. — Nur einmal erwachte er zu einem hellen und deutlichen Leben, und das war in den Florentiner Gallerien, in diesem Heiligthume der Kunst. Da fühlte er sich angeweht vom Hauche der Gottheit, bezaubert beim Anblick der unsterblichen Werke jener großen Meister. Da riß er sich mühsam los, und als er die Höhen hinter dem herrlichen Florenz erstiegen hatte, blickte er zurück auf die blühende Stadt und seufzte: „Wer hier, selbst ein großer Künstler, leben und wirken könnte!"

Weiter zog er dann Hügel auf, Hügel ab, durch fruchtbare Thäler, über wild zerrissene Berge, auf deren Spitzen kleine Städte wie Vogelnester hängen, umgeben mit trotzigen Mauern, an prachtvollen Kirchen und Klöstern vorbei, und nirgends hielt er längere Rast, nirgends hatte er Ruhe. Wenn er sich auch zuweilen am Fuße eines Berges Kräfte sammelnd niederließ, so drängte es ihn doch bald wieder empor von dem Stein, wo er ausgeruht. Ueber den einsamen Wanderer hin, hoch am Himmel zogen Schaaren von Zugvögeln, ebenfalls gen Süden. Wie beneidete er die um ihre starken Schwingen! Aber nur sie, nicht die andern Reisenden, welche in raschen Equipagen bei ihm vorbei rollten. Auf diese Art hätte ja auch er schneller vorwärts kommen können, aber er wollte pilgern nach Rom, er wollte dort ankommen wie andere arme Wanderer, die oft zu gleicher Zeit mit ihm die Straße zogen oder denen er begegnete, wenn sie von der ewigen Stadt kamen, diese frohen und heiteren Angesichtes, jene tief gesenkten Hauptes.

Wie oft eilte er vorwärts, wo ihm Ruhe doch so wohl gethan hätte, schwer athmend, mit kurzen, oft wankenden Schritten, mit bleichem eingefallenem Gesichte. Es drängte ihn nach Rom, um dort vor einem Ereigniß anzukommen, von dem er sich weiter keine Rechenschaft geben konnte, als daß es in seinen Folgen tief in sein künftiges Leben eingreifen müsse. Auch Wulf hoffte er dort wieder zu finden, hatte ihm der Freund doch zuletzt von Rom geschrieben, und gerade in der Zeit, wo er im Begriffe war, von Italien Abschied zu nehmen und nach Deutschland zurückzukehren. Dort aber hatte er sich nirgendwo sehen lassen.

Wenn der Tannhäuser mit Schaudern der vergangenen Zeit gedachte, des vielen Entsetzlichen, was er in den letzten Jahren erlebt, so war es Seligkeit des einzigen Augenblickes, wo ihm an jenem Nachmittage am Starenberger

See Kopf und Hand zum erstenmal wieder dienstbar, wo nach einer langen, finsteren, nächtigen Zeit die Sonne der göttlichen Kunst aufs neue hell in sein zerrissenes Innere schien. Darnach hatte er gelobt, Bleistift und Pinsel so lange nicht mehr in die Hand zu nehmen, bis er dort, wohin er zu pilgern gedachte, einen würdigen heiligen Gegenstand fände, den er malen wolle mit heißer Inbrunst, mit einer tief empfundenen Reue und Dankgefühl.

Um dies Ziel so bald wie möglich zu erreichen, drängte es ihn so unaufhaltsam vorwärts, und diese ihn verzehrende Sehnsucht war auch wohl die Hauptschuld, daß sein Herz oft so wild und stürmisch schlug, wenn er schwer athmend die Berge erstieg, so daß er häufig stehen bleiben mußte, die Hände auf seine Brust pressend oder sich wohl niederlassend auf einen Baumstamm am Wege, von dem er sich aber nach kurzer Rast wieder erhob, wenn er bedachte, daß er vielleicht von der nächsten Höhe die weite Campagna um Rom und fern am Horizonte den Dom St. Peter sehen würde.

Endlich kam auch dieser Augenblick. Baccano, ein einsames Posthaus, das er in der Dunkelheit der Nacht erreichte und dort ein ärmliches Lager fand, verließ er am frühen Morgen, und als er auf seinem Wege klopfenden Herzens eine kleine Anhöhe erstiegen hatte, sah er sie endlich vor sich liegen die ungeheure Einöde, diese riesenhafte, mit Hügeln bedeckte Fläche in glänzender Morgenbeleuchtung die seltsamsten Farben, die grellsten Lichttöne, die tiefsten Schatten zeigend. Weite, weite Strecken unbebauten Landes, meilenweit kein Dorf, kein Haus, nur hie und da zerbröckeltes Mauerwerk, ein zerrissener Thurm, der melancholisch von einer kahlen Anhöhe herniederschaut. Leise flüsternd zieht der Morgenwind über die mageren Grashalme und durch die Ginsterbüsche, und wenn wir ihm nachblicken, diesem unsichtbaren Wanderer, so sehen wir, wie sich alles vor ihm bückt, dort die Anhöhe hinan bis zum alten Thurme, den er eilig erklettert, um von der morschen Zinne mit dem lustig dort wachsenden grünen Busche weit in die stille Ebene hinauszuwinken. Wem er so winkt, der Lufthauch, wir wissen es nicht, — gewiß keinem lebenden Wesen.

Zur Linken des Wanderers, der erstaunt, erschüttert von diesem über alle Beschreibung traurigen und doch wieder so malerischen Anblick stehen bleibt, erhebt sich in seinen gezackten Formen wie ein riesenhaftes Todtenmahl der Soracte empor. Der fernliegende ernste Höhenzug der Apeninnen ist mit Schnee bedeckt, so das Gewaltige der ganzen Scenerie noch vermehrend. — Weit, weit vor seinen Blicken verschwimmen die hellen Farben der Campagna, die Lichter und Schatten, die sich über Berg und Thal ausbreiten, in einander, und dort in nebelduftiger Ferne, am äußersten Rande der ungeheuren wellenförmigen Ebene hat es sich zusammengezogen, da erhebt sich ein langer dunkler Streifen mit einem erhabenen, immer stärker hervor=

tretenden Punkt in der Mitte, — das ist Rom und die Kuppel der Peterskirche.

Nachdem der einsame Wanderer seine Blicke lange in dieses gewaltige Rundgemälde versenkt, schritt er wieder vorwärts, die Peterskuppel im Auge behaltend. Doch verging Stunde um Stunde, und unmerklich änderte sich die Ansicht des majestätischen Baues, ihm so anzeigend, daß er der Stadt näher und näher kam. Erreichen konnte er sie heute nicht mehr; schon sank der Abend, die Nacht kam wie hier immer ohne Dämmerung, und er mußte froh sein, in einem der alten Thürme, die am Wege standen, bei einem Ziegenhirten ein Nachtlager zu finden. Doch kümmerte ihn das wenig; seine Gedanken waren nicht bei seiner Umgebung; lange noch saß er auf einem Stein vor dem alten Mauerwerk und blickte nach Rom hinüber, das dalag, wie in einen Schleier von Duft gehüllt, auf dem Tausende von Lichtpunkten glänzten oder ihn mit ihrem Scheine erhellten.

In der Frühe des andern Morgens machte er sich wieder auf den Weg und sah bald, daß er sich nun wirklich der gewaltigen Stadt nähere. Die weite Fläche in ihrer vollständigen Oede blieb nun hinter ihm, und was er noch immer von der Campagna durchwanderte, erschien belebter, war besetzt mit einzelnen Häusern, mit Vignen-Anlagen, mit niedern Mauern, welche streckenweise die Straße einfaßten, mit grünen Gebüschen, welche hie und da den Grund kleiner Thäler bedeckten, wo sich Wasser fand, das sich auch durch das üppige und frischgrün emporgesproßte Gras kundgab.

Vor der heißen Sonne, die ihn lange, lange Tage beschienen, fand er jetzt Schutz in schattigen Hohlwegen, und als er wieder eine Zeitlang fortgewandert und eine kleine Anhöhe erstiegen hatte, sah er vor sich die Tiber mit ihrem gelben Wasser und folgte mit dem Auge ihren Krümmungen, durch welche sie träge fließend das nicht ferne Meer erreicht. An ihren flachen Ufern sah man Heerden von Büffeln weiden, und die melancholischen Thürme, die er schon am Eingange der Campagna auf ihren runden Hügeln stehend bemerkte, sah man auch hier dicht vor den Mauern Roms. — Wunderbar, herzerhebend aber war der Blick über die gewaltige Stadt, die nun dicht vor ihm lag, auf dies Häusermeer mit seinen hoch emporstrebenden Säulen, seinen unzähligen Kirchen, seinen vielen Kuppeln, und alles das überragt von der Kirche St. Peters. Und wie unendlich schön fand er die Gebirge mit bekannten Namen, die in weitem Umkreis die Stadt umgaben! Immer wieder der alte Soracte, das hohe Gebirge von Tibur über den gelblichen Abhängen im tiefsten Blau emporsteigend, und weiterhin die weichen schönen Formen der duftigen Sabinerberge, umwogt von weißen Nebelstreifen, wie von schimmernden Schleiern, mit denen sie sich kokett verhüllt. — Und drüben über dem Flusse Pinienwäldchen mit ihren eigenthümlich geformten Baumkronen, dahinter emporsteigend einfache Campagnenhäuser und prachtvolle Villen, dann die Massen des grünen Monte Mario, schattirt mit fast schwarzen Cypressenhainen, zwischen denen wieder die weißen Gebäude wie helle Lichter hervorblitzen.

Da ist schon der freundliche Wiesenweg am Ufer der Tiber, da biegen wir in die lange gerade Straße ein, welche zur Porta del Popolo führt — da sind wir in Rom.

Der Tannhäuser hatte den breiten Mittelweg, der ihm zu sehr belebt war, verlassen und schritt gebückt an der Mauer vorbei, die längs der Straße dahin lief. Von der Campagna herein strömten große Volksmassen der Stadt zu, sonntäglich geputzt, denn es war ein Festtag. Sie kamen auf ihren bunt bemalten Wagen, das Geschirr ihrer Pferde hatte klingende Messingzierrathen, schöne Frauen in malerischem Costüm saßen erhöht auf dem Karren, während Männer mit spitzen Hüten, die Sammtjacke auf der Schulter, die Pferde lenkten, hier auf dem Gabelbaum sitzend, dort hinter den Weibern stehend, mit diesen lachend und plaudernd. Reiter auf kleinen schwarzen Pferden, Andere auch wohl im Sattel munter einher trippelnder Esel, suchten zwischen dem dichten Strom der Fußgänger so rasch als möglich vorwärts zu kommen. Und dabei ging es nicht ab ohne ein hingeworfenes Scherzwort, das ebenso lustig erwidert wurde, ohne eine fröhliche Bemerkung, die lautes Lachen hervorrief.

So viel der Wanderer von den Reden der bei ihm vorbei Eilenden, die ihn zuweilen scheu von der Seite ansahen, verstehen konnte, fand ein großes Kirchenfest in St. Peter statt, dorthin eilte alles, dorthin folgte auch er dem Menschenstrome, der ihn mit fortriß, gegen den anzukämpfen er zu schwach und ermüdet war. Hatte er doch sein Ziel erreicht, befand er sich doch in Rom, hatten ihn doch schon die schattigen Straßen der alten Stadt mit ihren hohen ernsten dunklen Gebäuden aufgenommen. Dabei blieb er aber zuweilen einen Augenblick stehen, und faßte betäubt von der lärmenden Volksmenge, die ihn wie im wilden Strudel mit sich fortriß, an seine Stirne, welche sich kalt und feucht anfühlte. Und es flog dann zuweilen ein trübes Lächeln über seine Züge, wenn er wieder tief aufathmend weiter schritt.

Jetzt aber erweiterten sich die engen Gassen, der dichtgedrängte Menschenstrom floß ruhiger und erlaubte dem schon lange vergeblich Kämpfenden, sich am Geländer einer Brücke festzuhalten, so der vorbeiziehenden Flut Trotz zu bieten. Und als er nun nach kurzer Ruhe die Augen von den gelben Fluten der Tiber erhob, da war ihm zu Muth, als sei er nach langer, mühevoller Reise in die Heimat zurückgekehrt. Erkannte er nicht plötzlich die Brücke, auf der er stand, die Gebäude, welche ihn rings umgaben? Hatten die eigenthümlichen, nicht zu vergessenden Formen der letzteren nicht schon das Auge des Kindes erfreut und ihn später entzückt, wenn er diese massigen Bauwerke gesehen, sich so prachtvoll abhebend von dem tiefblauen italienischen Himmel? War die gigantische Kuppel dort jenseits des Flusses nicht die Peterskirche? Sah er nicht staunend vor sich das mächtige Rundgemälde der Engelsburg, einst das Mausoleum Hdrians? Waren die gelben Wellen, zu denen er jetzt die Blicke hinabsenkte, nicht dieselben, die einst an den großartigsten Werken der Welt, an den Palästen und Tempeln der alten Römer vorüberflossen?

Ja, ja, so war es, und gern hätte er hier allein gestanden, und als er alsdann das schützende Brückengeländer losließ, als ihn der Menschenstrom wieder erfaßt und fortgedrängt bei der Engelsburg vorüber, da konnte er sich erst wieder frei regen und fühlen auf der Piazza di San Pietro, jenem ungeheuren, prächtigen, säulenumgebenen Platze, dessen wahre Größe kein menschliches Auge beim ersten Anblick zu würdigen im Stande ist, der uns fast klein erscheint vor der riesenhaften Façade von St. Peter, vor der gewaltigen Felsenwucht des aufstrebenden Kuppelriesen, vor dem himmelanstrebenden Obelisken, der in seiner Mitte steht und doch wieder neben der eben erwähnten Umgebung fast klein erscheint.

Etwas von der Größe des Platzes aber springt uns entgegen, wenn wir erstaunt an der Ecke der Piazza Rusticucci stehen bleibend, an einem Feste wie heute Menschenmassen auf Menschenmassen an uns vorbei strömen sehen,

gefolgt von zahlreichem Militär, untermischt mit langen Rei=
hen Karrossen, und wenn wir nun bemerken, wie all' dies
von dem Platze verschlungen wird, ohne daß er sich anfüllt.
Es sind hier Tausende, Zehntausende versammelt, und man
könnte sagen: der Platz ist leer geblieben. Nur hie und
da sieht man die Menschenmenge in kleinen Gruppen und
dünnen Streifen, lange Reihen von Soldaten bilden eine
schmale, glänzende Linie, hunderte von Equipagen verschwin=
den auf dem Raume neben der großen Treppe, wo sie sich
aufgestellt haben. Selbst das Plaudern der Menge ist
herabgesunken zu einem fernen Summen und Rauschen,
und das Geräusch, welches die Schritte all' der Tausende
hier verursachten, wird übertönt von dem Brausen der bei=
den riesenhaften Springbrunnen, die mit gewaltiger Kraft
ihre hellen Wasserstrahlen in die Luft sprißen, zerstäubend
in dem klaren Sonnenlichte, welches sich in Regenbogenfar=
ben behaglich auf den Wassergarben wiegt.

Gleich all' den Tausenden, vor, neben und hinter ihm
schritt denn auch der Tannhäuser über den ungeheuren
Plaß und hier erschienen ihm die gewaltigen beweglichen
Menschenmengen wie Fluten des Meeres, die dort an der
Riesentreppe branden, zerschellen. Was unten am Fuß die=
ser Treppe noch eine kompakte Masse war, das zerstäubte
auf den gigantischen Stufen wie in einzelne Atome, und
wenn es auch Tausende waren, welche hinanstiegen, so er=

schienen sie doch noch als kleine bewegliche Punkte auf der breiten Fläche vor der Riesenfaçade von St. Peter. Der Wanderer, hier noch einsamer, umgeben von diesen unzähligen fremden Gesichtern, als in der öden Campagna vor Rom, empfand dies Gefühl des Verlassenseins schwer auf seinem Herzen lagern. War ihm doch, als wandelte er wirklich in der Brandung des Meeres, als müßten diese gewaltigen Wogen um ihn her nächstens über seinem Kopfe zusammenschlagen. Wie holte er so mühsam Athem, wie fühlte er den kalten Schweiß auf seiner Stirne stehen, wie hätte er so gerne eine einsame Stelle gefunden, eine verborgene Steinnische, um sich dort zu verstecken, um dort niederzukauern, den Kopf in beide Hände gedrückt. — Aber vergebens — es riß ihn unaufhaltsam dahin.

Es wogte, brandete, es lachte und plauderte immer toller um ihn her; vom Himmel strahlte das hellste Sonnenlicht und lagerte blendend auf Platz und Kirche. Die Wassergarben der Fontainen trieben Brillanten von sich, die Schatten, welche Gebäude und Säulen auf den Boden warfen, thaten dem Auge weh im scharfen Contraste von Hell und Dunkel. Und je näher er der Basilika kam, je mehr vergrößerte sich alles das, was die Sonne blendete. Da schrieen und lärmten die Limonadenverkäufer und die Händler mit frischem Wasser; da glänzten im Sonnenlichte ganze Pyramiden von goldgelben Citronen und Pomeranzen, da leuchteten die blankgeputzten Eisgefäße, und wenn sie hin und her bewegt wurden, reflektirten sie wie Spiegel das Sonnenlicht. Die hunderte von Wagen, welche auf dem Platz fuhren, sah man eine buntfarbige Masse, rechts und links von der Treppe gelagert; viel glänzende Geschirre und glitzernde Trobbeln, viel Pupur und Gold.

Endlich hatte er die Vorhallen, die Eingangsthüren hinter sich, endlich warf er einen Blick in die Riesenhallen. Sie erschienen ihm beim ersten Anblicke wie eine überwölbte Fortsetzung des ungeheuren Platzes draußen. Selbst von biesem hereintretend strebten die Wölbungen dieser Basilika, des ungeheuersten Baues der ganzen Welt, sichtlich in die Höhe und zeigten nach einem Blick auf die Tausende von Menschen, die trotz ihrer Anzahl auch hier nicht als eine gedrängte Masse erschienen, ihre majestätischen Verhältnisse. Und doch kommt man erst nach und nach zum allgemeinen Verständniß der Größe dieses Tempels; nur schrittweise wie man ihn durchwandelt, da er nur mit dem Verstande und nicht mit dem Gefühl zu messen ist. Man muß es sich erst sagen, daß bort die Taube mit bem Oelzweig an den gigantischen Pfeilern des Mittelschiffs, die wir rechts und links sehen, die wir glauben bequem mit der Hand erreichen zu können, sich beim Nähertreten so hoch erhoben, daß ein Riese nöthig wäre, um sie mit der Spitze des Fingers zu berühren; wir müssen es uns vergegenwärtigen, daß der metallene Balbachin bort auf dem Grabe von St. Peter, über welcher sich die Kuppelwölbung in schwindeln-

Siebenzehntes Kapitel.

der Höhe erhebt, — daß dieser Baldachin, der uns unter dieser Wölbung klein und niedrig, ja völlig unbedeutend erscheint, so groß ist wie der größte Palast von Rom. Und erst nachdem man sich solchergestalt über die Verhältnisse des Baues klar geworden, wandelt man mit Staunen und Ehrfurcht in diesen Hallen umher.

Den Tannhäuser erfrischte die Kühle, welche im Gegensatze zu dem sonnenbeschienenen Platze hier herrschte; er wandte sich am Eingange rechts und ging alsdann von einem Pfeiler des Hauptschiffes langsam zum andern, wobei er sich mit der heißen, fieberhaft brennenden Hand häufig an den kalten Steinen hielt. Es überfiel ihn eine tiefe Ermattung; er mußte zuweilen stehen bleiben, und wenn er das that, so war es ihm zu Muthe, als schwelle das Geräusch, welches die Schritte der Einherwandelnden und ihr, wenn gleich noch so leises Sprechen, hervorbrachte, zum lauten, betäubenden Getöse an. Und dabei kam es ihm alsdann vor, als drehe sich die ungeheure Kirche vor ihm im Kreise. Endlich ließ er sich auf den Vorsprung am Fuße einer dieser Pfeiler nieder und versank für Augenblicke in wirre Träume.

Beim Hereintreten hatte er die langen Reihen Militär bemerkt, welche vom Eingang bis zum metallenen Baldachin standen, untermischt mit andern Soldaten in der ritterlichen Tracht vergangener Jahrhunderte, mit Helm und wallender Feder, mit Panzer und Hellebarde; er hatte gesehen, wie die Tausende und Tausende, welche nach und nach in die Kirche getreten, sich in dichten Reihen hinter dem Militär aufstellten oder sich in den Seitenhallen verloren, von denen jede einzelne schon eine Kirche zu nennen war; er hatte gesehen, wie sich neben den abeligen Römerfamilien, die von Jägern und Kammerdienern gefolgt in dem Tempel erschienen, zerlumpte Campagnabauern mit markirten, bronze= farbenen Gesichtern drängten und stießen, wie Krüppel und Bettler neben schönen Weibern von Albano und Frascati dahin schlichen; er hatte es empfunden, wie das ganze wilde Gewühl, diese verschiedenartigsten Elemente, zu einer bunt= farbigen, beweglichen, unruhig wimmelnden Masse zusam= mengesetzt, anfing seine Sinne zu betäuben, und deßhalb war er glücklich, hier an dem Pfeiler ein stilles Asil gefun= den zu haben.

Und es war in der That ein Asil des Friedens, das Andere in gleicher Weise mit ihm theilten. Zeigte ihm doch ein Blick hinter sich ein paar Gebirgsbewohner in ihrer malerischen Tracht, arme Leute, fast in Lumpen gehüllt, halb von einem zottigen Schaffell bedeckt, den spitzen Hut zwischen den Knieen, die, wahrscheinlich vom langen nächt= lichen Marsche ermüdet, hier auf dem kalten Stein sanft entschlummert waren; bemerkte er doch neben sich eine arme, aber anmuthige Römerin, die unbekümmert um die Hin= und Herwandelnden ihrem Kinde, das sie mit inniger Zärt= lichkeit anblickend an ihren Busen drückte, die ursprüngliche

Nahrung gab. Ihm, dem ermatteten Pilger, war hier wohler, als draußen auf dem Platze, als vorhin im Lärm der Menge. Er lehnte sein Haupt an den glatten Stein hinter sich, und die Kälte desselben that ihm wohl. Mit welch' wonnigem Gefühl schloß er die Augen, als nun auf einmal ein unendlich ergreifender Gesang erschallte, der in entzückenden Schwingungen, in weiter Ferne verhallend mit leise nachklingendem Echo an den Wölbungen der Kuppel emporstieg und dort noch in einzelnen Tönen fortzitternd langsam verhallte.

Jetzt erfüllte ihn zum erstenmal der Gedanke, daß er nun wirklich in Rom sei, mit einer unaussprechlichen Seligkeit, am Ende seiner mühseligen Wanderung, wo er ja auch sie einstens zu finden hoffte. Er fühlte sein Herz so weich gestimmt, sanft erregt, so sich bewußt seiner tiefen Schuld, so reuig und bußfertig, dabei aber so innig von der ihm endlich zu theil werdenden Gnade überzeugt. Er fühlte, wie seine Augen in seligem Schmerze überströmten, wie seine Thränen zwischen den geschlossenen Wimpern hervorbrachen und langsam über seine Wangen hinabrollten.

Da mit einemmale war es ihm, als wenn die sanften, himmelanstrebenden Klänge, die ihn so glücklich gemacht, disharmonisch zerrissen würden von dröhnendem Posaunenschall; es kam ihm vor, als dränge sich die Menge vor ihm dichter und dichter zusammen und gerathe dabei in unbeschreibliche Bewegung, als woge die ganze Masse vor und zurück und bilde jetzt eine Gasse, die an seinem Pfeiler mündete. Schien es ihm doch dabei, als wenden sich einzelne Gesichter scheu nach ihm hin, als betrachteten ihn blitzende Augen mit unverkennbarem Erstaunen; er fühlte diese Blicke schwer auf seinem Herzen lasten, und da es ihm war, als ob immer mehrere die Augen nach ihm hin wendeten, so wollte er langsam zurückweichen, um hinter dem Pfeiler vor der gaffenden Menge Schutz zu suchen. — Doch Entsetzen! er war nicht im Stande, sich von seinem Platze zu erheben, ja die rechte Hand, mit der er seine feuchte Stirne abwischen wollte, versagte ihm den Dienst; er konnte nicht von der Stelle, er mußte hinab schauen in die Menschengasse, an deren Ende jetzt ehrwürdige Gestalten erschienen in vielfarbigen Ordenskleidern, viele Gestalten, die sich langsam vorwärts gegen ihn bewegten.

Wie sie näher und näher kamen, zog er den Athem mühsam und immer mühsamer in seine Brust. Er bemerkte, daß er der Prozession im Wege war, daß sie über ihn dahin schreiten mußte, und mit einem unbeschreiblichen Gefühl der Angst und Verzweiflung drückte er sich in die Nische des Pfeilers hinein, an dem er ruhte, und es gelang ihm, etwas zurückzuweichen. Aber es war auch die höchste Zeit gewesen; denn schon rauschten die schwarzen und weißen Gewänder dicht an ihn heran, jetzt bei ihm vorüber. Doch glaubte er, jeder der langsam Vorüberziehenden werfe einen strafenden Blick auf ihn — alle, alle die Hunderte, die nach und nach erschienen und an ihm vorbei schritten. Mönche in schönen Ordenstrachten, welche schimmernde Kronen auf Purpurkissen trugen, alle die Häupter der katholischen Kirche, die Ordensgenerale, die Patriarchen, die Kardinäle im langen purpurnen Festgewand, die armenischen hohen Priester mit ihren Kronen, die Erzbischöfe und Bischöfe in hellen schimmernden Gewändern, mit der Mütze und Inful, — alle, alle blickten nach ihm hin, alle schienen auf die Seite zu weichen, wenn sie in seine Nähe kamen, als fürchteten sie, ihn mit ihren heiligen Gewändern zu berühren, — alle, alle. Und darauf hin wandten sich immer mehr Blicke aus der dichtgedrängten Volksmasse auf ihn.

Er versuchte es, seine Augen abzuwenden, sie wie Trost und Hülfe suchend emporzuheben zu einem Muttergottesbild, das aus seiner Steinnische noch eben so wohlthuend und freundlich auf ihn herabgelächelt hatte. Aber das Bild der Himmelskönigin schien ihm verschleiert, umhüllt von glänzenden Sonnenstrahlen, die jetzt mächtig in die Kirche drangen und nun mit einemmale über die Häupter der dunklen Menge hinweg, welche andächtig auf ihr Knie niedergestürzt war, die Gestalt des heiligen Vaters mit wunderbarem Schimmer umgaben, in ihm Leuchten all' des Goldes und Silbers, im blitzenden Widerschein der Brillanten wie in einer Flammenglorie erscheinen ließen. Aber es war für den Pilger kein wohlthuendes Bild der Gnade, wie ihm das Haupt der Christenheit, dessen Hand binden und lösen kann, erschien. Näherte er sich doch unter dem Schalle der Posaunen in ernster Majestät ihm, dem Sünder, furchtbar anzuschauen.

Und all' das Licht, all' der Glanz, all' die Pracht, das Funkeln von Gold und Silber, das Blitzen der Sonnenstrahlen betäubten seine Sinne, ließen düstere, unheimliche Schatten vor ihm aufsteigen. Schien doch alles Volk rings umher nur auf ihn zu schauen, der unter den Tausenden allein nicht im Stande war, seine Knie zu beugen; trafen ihn doch tief ins Herz die Blicke des Papstes, der langsam heranschwebte, und wenn auch diese Blicke nach und nach von ihrem furchtbaren Ernste zu verlieren schienen, wenn sie mild und traurig wurden, so lasteten sie doch schwer auf ihm, so beugten sie sein Haupt tief hinab, so ließen sie ihn in sich zusammensinken. — Aber er fühlte dabei, daß ihn das Bewußtsein verließ; er sah noch, wie die Müden an seiner Seite aus dem Schlummer emporfuhren, wie die Römerin neben ihm ihn erschreckt anstarrte, darauf das liebliche Gesicht ihres Kindes verdeckte und dann mit allen Zeichen des Schreckens entfloh. — Er hörte ein Gemurmel von tausend Lippen: der Tannhäuser: Das ist der Tannhäuser!

All' die unzähligen Gesichter, die sich gegen ihn wandten, all' die Tausende und Tausende von funkelnden Augen, die ihn anstarrten, all' die bunten Gewänder, all' das glänzende Gold und blitzenden Steine, die bunte Marmorbekleidung der riesenhaften Pfeiler und Wände, die Lichter am Altar, ja die funkelnden Hänglampen mit ihren schweren goldenen Ketten, der vielfarbige Schimmer der gemalten Fenster, aufleuchtend in blauen, rothen, grünen und gelben Flammen, wo die Sonne hindurchschien, — alles das wand sich durcheinander und verschwamm vor seinen Augen in ein einziges wildes Chaos, aus dem allein deutlich der gellende Ruf hervortrat: der Tannhäuser! ja der Tannhäuser! Es stieg wie graue Schleier um ihn empor, es scheuchte ihn auf vom Fuße des mächtigen Pfeilers, an dem er zusammengesunken, und obgleich ihm war, als sei er nicht im Stande, Hand und Fuß zu rühren, so näherte er sich doch langsam wie schwebend der großen Thüre des Tempels.

Wie gern wäre er zurückgekehrt, wie gern hätte er sich im dunkelsten Winkel von St. Peter an einem der Altäre niedergekauert, um dort einem mitleidigen Ohr sein Vergehen zu klagen und zu erzählen, wie tief er dafür gebüßt, wie sehr er schon dafür gelitten. — Vergebens! Es war ihm, als fege eine Windsbraut hinter ihm drein, als treibe ihn ein eiskalter Hauch an die Eingangspforten, und ob er sich gleich hier anzuklammern versuchte und mit erschrecktem Auge auf die Tausende und aber Tausende blickte, welche gegen die Stufen anströmten und die — so fürchtete er — im nächsten Augenblicke ihn erkennen würden und eben so entsetzt seinen Namen hinausschreien, wie die drinnen in der Kirche, so wollten doch seine Hände nicht haften an dem eiskalten glatten Stein, und er sank neben der Eingangsthüre zusammen, sich zwischen den Piedestalen der mächtigen Säulen verbergend, auf die Knie nieder, sein Kopf sank auf die Hände herab und zwischen seinen Fingern hindurch tropften schwere, wohlthuende Thränen. Hier lag er eine Zeit lang ruhig und unbemerkt neben andern elenden Krüppeln und Sündern.

Wenn er auch hier für Augenblicke in stillen Betrachtungen und Rückerinnerungen an längstvergangene Zeiten Ruhe und Trost fand, so horchte er doch von Zeit zu Zeit auf Gesang und Glockenton in der Kirche, auf das Geräusch der Schritte, auf das Schleppen der langen, schweren Mäntel, in tödtlicher Angst fürchtend, daß die Prozession von dort zurückkehren werde und daß ihn abermals die finstern Blicke der Vorüberwandelnden aufschrecken würden aus dem elenden Winkel, in dem er zusammengekauert und versteckt lag. Schien es ihm doch, als wartete die unzählbare Menge an den Stufen der Treppe nur auf den Augenblick, wo er, ein armes, gehetztes Wild, zu ihr hinabgescheucht würde.

Und dieser Moment schien zu kommen, denn von der innern Kirche her nahten sich nun murmelnde Stimmen und tausend Schritte dem Eingange. Die Hellebardiere stießen ihre Waffen auf das Steinpflaster, Weihrauchduft quoll aus dem halbdunkeln Gange der Kirche.

Da war es dem Tannhäuser, als lege sich eine kleine,

seine und warme Hand — die Hand eines Kindes — in
die seine, und als er fast erschreckt zur Seite blickte, sah er
neben sich ein wunderbares Kind stehen mit so milden und
lieben Augen, daß es ihm selig durch's Herz strömte. Er
hatte die Züge des Knaben schon irgendwo gesehen, —
irgendwo, wo man ihm wohlwollte, wo er willkommen war,
wo man die Arme öffnen würde, um ihn zu empfangen,
wo er endlich ein Asil, eine Zufluchtsstätte finden würde.
— Aber wo? das konnte er sich nicht klar machen. Dieser
Gedanke, der eine wahre Seligkeit über ihn ausströmen
ließ, goß eine solche Ruhe in sein Herz, daß er, die Hand
des Kindes festhaltend, das müde Haupt an die Säule
legen wollte, um zu ruhen, zu schlafen; so gewiß war er,
daß das Kind an seiner Seite ihm Schutz sein würde gegen
alle Gefahren, gegen alle Unbilden. Und darüber jauchzte
er tief in seinem Herzen auf, wie der Schiffbrüchige, der
auf schwimmender Planke aus dem wilden, tobenden Meer
an das rettende Ufer gezogen worden ist.

Doch war es, als errathe der wunderbare Knabe seine
Gedanken, denn derselbe schüttelte mit dem Kopfe und sagte
mild lächelnd: „Komm, hier ist nicht dein Platz." Worauf
sich Tannhäuser folgsam erhob und sich leicht und kräftig
fühlte, befreit von jener lähmenden Müdigkeit, die ihn
niedergedrückt. — — „Komm!" — —

Und leicht schritt er die Treppen hinab an der Hand
seines kleinen Führers, ohne Aufsehen durch die Menschen-

menge hindurch, die ihn nicht zu beachten, ja nicht einmal zu sehen schien, was wohl daher kam, daß das Kind, welches ihn führte, zuweilen seinen Stab erhob, worauf sich jedesmal die Menschenmassen wie durch einen Zufall theilten und die Beiden hindurchließen.

So kamen sie ans Ende des gewaltigen Platzes, als das Kind sagte: „Hier muß ich dich verlassen und kann dich nicht weiter begleiten. Aber nimm diesen Stab, er wird dein Führer sein. Schau mir auch noch einmal fest ins Gesicht und vergiß es nicht, daß ich dich dem Hohn der Menschen entriß, weil ich in deinem Herzen tiefe, aufrichtige Reue las. — Ich allein kann binden und lösen. — Zieh hin und blicke nicht rückwärts, jetzt nicht und für die Zukunft nicht. Da, nimm den Stab und glaube mir — — er wird grünen."

Achtzehntes Kapitel.
Im Norden.

Es ist wohl eigenthümlich, hat aber seine guten Gründe, daß je mehr wir uns dem Norden nähern, wir um so besser die Einrichtungen finden, welche uns einen harten Winter erträglich machen, ja um so mehr im Stande sind, die strenge und strengste Jahreszeit angenehm und comfortabel zu verbringen. Wir, die wir in Deutschland so ziemlich in der Mitte Europa's stecken, finden dagegen in richtiger Wechselwirkung, daß je mehr wir uns dem Süden nähern, wir um so weniger Schutz haben. Wenn es zum Beispiel einmal dem italienischen Klima gefällt, mit etwas ungewohnter Kälte dreinzufahren, und wir, freilich nur auf Stunden, die Straßen von Florenz und Rom, ja die Berge um Neapel, selbst den alten feurigen Vesuv, mit einer leichten Schneedecke überzogen sehen, oder wenn wir da, wo gestern noch blühende Rosen waren, an Fontainen oder kleinen Bächen heute bei Sonnenaufgang glitzernde Eiszäpfchen bemerken; so ziehen wir uns wärmer an, als wir es zu Haus in Deutschland bei doppelter Kälte thun würden; da wickeln wir uns schauernd in unsere Mäntel und fühlen mit dem Florentiner oder Römer, der an solchen Tagen mit blauen Lippen zähneklappernd sagt: quali tempo cattivo, quanto freddo! Und im Freien bei emsigem Umherlaufen läßt sich das noch ertragen; kommen wir aber in unsere Wohnung, in die hohen gewölbten Gemächer, so außerordentlich schattig und angenehm bei der Hitze des Sommers, mit ihren Steinboden, ihren Thüren, die nicht recht schließen, ihren klappernden Fenstern, die jedem Luftzug Eingang verstatten, so daß wir kaum das wehende Licht auf dem Tische vor dem Auslöschen bewahren können, sehen wir uns rings um und gedenken dabei eines prasselnden deutschen Ofens oder selbst nur eines französischen Kamines mit viel Dichtung und wenig Wahrheit, so vermissen wir schmerzlich alle die behaglichen Einrichtungen, die es uns zu Hause möglich machen, dem gestrengen Winter siegreich Trotz zu bieten.

Etwas Aehnliches, wenn auch nicht gar so schroff, fühlt der Nordländer bei uns, der Russe, der aus seinem stolzen und glänzenden Petersburg kommend den Winter bei uns zubringen muß. Wenn wir auch lächeln bei seiner Behauptung, daß die strenge Jahreszeit in Rußland viel behaglicher

Achtzehntes Kapitel.

als bei uns zu durchleben sei, ja lächeln und scheinbar nicht mit Unrecht, wenn wir an den unerbittlichen russischen Winter mit seiner Dauer von acht Monaten denken, mit seinem Schnee und Eis, der selten wie bei uns gemildert wird durch wochenlanges milderes Wetter, so hat der Nordländer doch Recht, wenn ihm Deutschland in dieser Beziehung fast ebenso vorkommt, wie uns Italien. Auch wir beugen uns in unserem Leben und in unseren Einrichtungen nicht so sehr vor dem grimmen Herrn Winter, daß wir sein Reich ohne alle Rücksicht anerkennen, daß wir ihm hermetisch Thüren und Fenster verschließen, daß wir uns bis zur Nase in dicke Pelze wickeln bei einer Kälte, die vielleicht nicht größer ist als im Norden, bei der wir uns noch spazierengehend erfreuen, während der Russe seine Wohnung, ohne dazu gezwungen zu sein, nicht mehr verläßt.

Ja, wir sehen, daß man dem Winter immer siegreicher trotzt, je mehr wir nach Norden rücken; schweben wir daher auf, ziehen wir dorthin. Auf Deutschlands Fluren liegt nur hie und da vereinzelt der Schnee, die Laubhölzer zeigen unbedeckt ihre kahlen Aeste, es erscheint das von oben herab wie leichter Flaum, der weite Länderstrecken überzieht; Fichten- und Nadelwälder zeigen sich dazwischen als tief schwarze Schatten, und die Flüsse mit ihrem wärmeren Wasser dampfen noch und senden ungehindert, noch frei von den Fesseln des Eises, ihre lebendigen Wellen dem weiten Meere zu. — Jetzt rücken die Schneestreifen näher und näher zusammen, die Wälder verwandeln sich nach und nach in weißes Pelzwerk, doch sind die Straßen noch sichtbar in ihrer Eingrenzung durch Frucht- und andere Bäume, und die Bahnzüge ziehen, noch Rauch auswerfend und funkensprühend, nach allen Richtungen. Was die Flüsse anbelangt, so haben sie nur noch ein schmales Rinnsal mit freiem Wasser; rechts und links hat sich Eis angesetzt, welches sich in wunderlichen Formen immer näher und drohender nach der Mitte des Stromes zuschiebt, jede Nacht ein neues Vorwerk construirt mit glänzenden Zacken, von denen das zu Thal treibende Eis aufgefangen und festgehalten wird, um so fortwährend die Eisränder zu vermehren.

Fliehen wir weiter dahin, so haben wir bald tief unter uns eine einzige weiße weit ausgebreitete Fläche, anscheinend ohne die mindeste Abwechslung. Hügel und Berge, Schluchten und Thäler, Flüsse und Wälder mußten ihre Eigenthümlichkeiten aufgeben und liegen da im starren Winterschlaf gebannt, lange, lange Zeit wohl träumend unter der weißen gewaltigen Decke des Winters. Kein Wasser fließt mehr, keine Straße zeichnet sich ab, das Dampfroß braust noch nicht über diese Flächen, und was wir sich fortbewegend dahinziehen sehen, sind kleine Schlitten, in denen der Reisende in Pelzen vergraben Schutz gegen die strenge Jahreszeit sucht.

Man sollte glauben, ein solches Dahinziehen, Tage und Nächte lang über schneebedeckte Flächen, ohne Abwechslung, ohne Aussicht, müßte für Geist und Körper unendlich ermüdend sein. Und doch ist dem nicht so: man gewöhnt sich an dies sanfte träumerische Dahingleiten; man findet Abwechslung in dem einförmigen Leben eines Kruges, der mitten in der Oede steht, wo wir unsere Pferde wechseln; wir erfreuen uns an den phantastischen Formen, mit denen Schnee und Eis die Fichten und Tannen umgaben, zwischen denen wir dahingleiten; wir schlummern und träumen, und lassen uns einwiegen durch den melancholischen Ton der Glöckchen, welche am Geschirr der Pferde sowie an unserem Schlitten hängen und die rastlos ihr Bim=bim=bim durch die tiefe Stille rings umher ertönen lassen.

So gleiten wir dahin, bis wir eines schönen Abends durch ein hochgewölbtes Thor fahren, wo wir stattliche Schildwachen auf und ab spazieren sehen, deren glänzende Musketenläufe im hellen Gaslichte funkeln, bis wir nun statt Birken und Tannen zu unsern Seiten oder einzelner Bauernhäuser Reihen von palastähnlichen Gebäuden durchfahren, oft wirkliche Paläste mit Hunderten erleuchteter Fenster, vor denen zwei= und vierspännige Equipagen und Schlitten halten, welche Diener mit rothglühenden Pechfackeln umstehen, bis rechts und links von unserem Schlitten hundert andere ähnliche Fahrzeuge schellenklingelnd mit uns dahinfliegen, bis uns ebenso viele andere begegnen, auch glänzende Equipagen, Reiter und ein Strom von Fußgängern, der sich rechts und links auf den hölzernen Trottoirs hält, um vom sichern Platze aus mit hingewandten Gesichtern in das sausende Gewühl zu blicken.

Das alles könnte uns nach der langen stillen Fahrt betäuben, und es betäubt uns auch, namentlich durch die riesenhaften Dimensionen, welche Alles angenommen hat, was uns hier umgibt, Alles, an dem wir vorbeifliegen oder das wir an uns vorbeifliegen sehen: Brücken, Straßen, Plätze. Deßhalb erregt es uns auch ein Gefühl des Behagens, da wir auf einmal sehen, wie unser Jämschtschik sich etwas höher vom Bocke hebt, als er gewöhnlich thut, den Kantschu am Handgelenk der rechten Faust herabsinken läßt, den Lauf seiner Pferde mäßigt und mit lautem Ruf, um die Fußgänger auf dem Trottoir zu warnen, rechts abbiegt. Vor uns hat sich ein großes Thor geöffnet, welches sich hinter dem Schlitten augenblicklich wieder schließt. Wir befinden uns in einer Halle, der Schlitten hält, und mehrere Hände sind bemüht, die Leder= und Pelzbecken unserer Kibitke zu beseitigen und uns so das Aussteigen zu erleichtern. Eigentlich werden wir von den Armen reich gallonirter Bedienter aus dem Schlitten gehoben und sanft auf die Füße gestellt. Wir befinden uns wie in einem Traume, und es ist uns, als haben Zauberkünste unsere ganze Umgebung mit Einem Schlage verändert. Und wie verändert! Haben sich doch seit der langen Fahrt die niedrigen schmutzigen Häuser, vor denen wir hie und da Halt machten, oder die hölzernen Schuppen, durch welche der vom Wind ge=

peitschte Schnee sauste, während wir hielten, um Pferde zu wechseln, so fest unserem Gedächtniß eingeprägt, daß wir die so ganz andere, in der That feenhafte Umgebung, in welche wir mit einem Schlage versetzt sind, beinahe mit Mißtrauen betrachten. Angenehm erwärmte Luft fächelt behaglich unsere Wangen; über uns, über Schlitten und Pferde wölbt sich ein hohes Glasdach, die ganze Schneelandschaft, die sich unserm innern und äußern Auge so fest eingeprägt hat, daß wir meinen, es könne nichts anderes mehr auf der Welt geben, als Schnee und wieder Schnee, ist mit Einem Male verschwunden; freundliches Grün umgibt uns nach allen Seiten, fremde Sträucher und Bäume mit großen glänzenden Blättern und zwischen ihnen sogar bunte Blumen, Kinder einer glücklicheren Zone, die ebenso wie wir in diesem Augenblicke in einem Traumleben befangen sind.

Die reich gallonirten Diener halten nun ihre silbernen Armleuchter hoch empor, und als wir uns der Treppe nähern, die mit einem Teppich bedeckt, bis in das Glashaus, wo wir anfuhren, hinabreicht, geht ein alter Herr in schwarzem Frack, der uns dort erwartet zu haben scheint, ein paar Stufen abwärts uns entgegen und dann mit einer tiefen Verbeugung auf die Seite, nachdem er vorher wie verstohlen sein schneeweißes Jabot abgestreift, vermuthlich, weil er fürchtet, es könne dort ein Körnchen Schnupftabak hängen geblieben sein. Der alte Herr mit seinem kurz geschnittenen aufrecht stehenden weißen Haar, seiner noch weißeren Hals-

binde und seinem fast kindlich rosigen Teint lächelt so wohl=
wollend und freundlich, daß wir uns jetzt schon hier wie
zu Hause finden. Er macht eine unterthänige Handbe=
wegung gegen die Treppe hin, zwei Lakaien mit Lichtern
hüpfen voran, und durch einen sanft erwärmten Vorplatz,
der schon innerhalb des Hauses ist, kommen wir an eine
leichte Marmortreppe, die sich frei trägt, und in einer an=
muthigen halben Wendung in den ersten Stock hinaufführt.
Das Geländer ist von schwer getriebener Bronze=Arbeit,
offenbar aber nicht fabrikmäßig erzeugt, sondern nach künst=
lerischen Modellen von Künstlerhand getrieben und zusam=
mengefügt. Die Balustrade ist glänzendes schwarzes Eben=
holz und spielt wie eine dunkelfarbige Schlange über den
schneeweißen Marmorstufen. Eine Bronzefigur in Lebens=
größe, die unten an der Treppe steht, über ihrem Kopfe
einen Leuchter haltend, auf dem ein Bouquet von Wachs=
kerzen flammt, scheint Jeden, der hinaufsteigt, ernst und
forschend zu betrachten.

Geräuschlos erreichen wir den ersten Stock; auf der
Treppe wie hier in den Vestibülen und den Vorzimmern
sinken unsere Füße förmlich ein in dicke persische Teppiche.
Daher kommt es auch wohl, daß eine so tiefe Stille auf
dem nicht großen aber prachtvollen Hause liegt. Nirgends
das Geräusch eines menschlichen Trittes; nirgends die Be=
wegung einer Thüre oder der Klang einer Menschenstimme
— Alles ruhig und stille. Da liegt Zimmer an Zimmer,

eines eleganter und prachtvoller ausgestattet als das andere, scheinbar unbewohnt und verlassen. Doch halt! im anstoßenden Salon hören wir etwas; es ist ein leichtes unterbrücktes Husten, und wie wir Kraft unseres Zauberstabes auch hier ungesehen eintreten, bemerken wir jenen alten Herrn wieder, der vorhin unten an der Treppe zum Empfang von allenfallsigen Ankommenden bereit stand, mit derselben freundlichen und wohlwollenden Miene in einem Lehnsessel sitzen und in einem Buche lesen. Zuweilen schweift sein Blick über das Buch hinweg nach der gegenüber liegenden Thüre, die mit einer dicken orientalischen Stickerei verhängt ist, und nachdem der alte Herr einen Moment gelauscht, senkt er seine Augen wieder nieder auf die Zeilen seines Buchs, nicht ohne daß er vorher wiederholt und leicht gehustet. Drüben bleibt Alles so ruhig wie in dem ganzen Palaste.

Nähern wir uns jener verhängten Thüre; sie öffnet sich geräuschlos vor uns, und wir befinden uns in einem achteckigen Gemache, welches sein Licht von oben durch eine kleine Glaskuppel erhält. Es ist eine Gemäldegallerie, die uns aufgenommen; an den Wänden hängen wenige aber ausgesuchte Bilder; aber seltsam, sie verrathen alle eine und dieselbe Meisterhand. Es ist so: das Auge hat uns nicht betrogen; während wir die Blicke hierhin und dorthin schweifen lassen, lesen wir auf jedem der Bilder: Potowski, hier Potowski, dort Potowski. Stille, daß unsere Verwunderung nicht laut werde; wir sind nicht allein. Die eine

Wand des Octogons nämlich fehlt, und die dadurch entstandene Oeffnung, welche in einen Salon führt, ist nur mit seidenen Stoffen verhängt. Ah! hier zum ersten Male vernehmen wir jetzt den Laut einer menschlichen Stimme.

Wir hören und sehen.

Es ist dort ein kleines reiches Boudoir mit einem Aufwand von Kunst und Eleganz eingerichtet. Wände und Decke sind mit grünem Damast bezogen, die letztere nur ausgezeichnet durch ein Netzwerk von goldenen Schnüren, die von der Decke auf allen vier Seiten herabreichend sich dort in Spitzenbessins verschlingen und so den reichsten Fries bilden, den man sich nur denken kann. Die Thüren bestehen aus schwarzem glänzendem Ebenholze, dessen Füllungen matt vergoldet sind und als Hintergrund lasurfarbiger, von Meisterhand gemalter schwebender Figuren dienen.

Eigenthümlich sind die Möbel in diesem Zimmer; es sind sonderbar geformte kleine niedrige Fauteuils von Bronze mit orientalischen Stoffen bedeckt; ein paar türkische Divans; und an dem hohen und breiten Fenster des Gemachs, dessen Licht man durch seidene Vorhänge dämpfen kann, bemerkt man Sitze von aufeinander gethürmten Kissen, deren Gestalt sich beliebig ändern läßt.

Auf einem der Divans ruht eine Dame, deren Namen den geneigten Leser, wenn wir ihn nennen, nicht überraschen wird, denn er wird sich schon gedacht haben, daß wir uns in ihrem Hause befinden, — die Fürstin Lubanoff. Sie lehnt ihr Haupt auf den rechten Arm und hält ihre weiße Hand so, daß die Finger ihre Augen beschatten. Gekleidet ist sie in matte graue Seide, und seltsamer Weise legt sich über ihr volles dunkles Haar ein weißer Schleier so, daß er von Weitem wie ein Scapulir aussieht. Um ihre Taille schlingt sich eine dicke seidene Schnur, deren Quasten über den Divan herabhängen. In der linken Hand, welche am Rande der Kissen liegt, hält sie ein Papier, d. h. sie hält es nicht, indem dieses Papier in dem Augenblick, wo es uns vergönnt ist, einen Blick in das Gemach zu werfen, ihren Fingern entgleitet und auf den Teppich nieder=rauscht.

Vor dem Divan steht Madame Bauvallet, auf deren gutem breitem Gesichte die uns bekannte unverwüstliche Ge=müthlichkeit und heitere Laune thront. Sie schüttelt leicht mit dem Kopfe und bückt sich alsdann auf den Boden nieder, um das entfallene Papier aufzuheben.

„Ich muß nur," sagt sie hierauf, nachdem sie sich mit einem tiefen Athemzug wieder aufgerichtet, „wiederholt gegen diese Art der Frau Fürstin, Geschäfte abzumachen, prote=stiren. Du mein lieber Gott, da liegt diese ganze colossale Last auf meinen schwachen Schultern, und Madame, meine gnädigste Herrin, thut nicht einmal so viel, einen verglei=chenden Blick auf die mühsam zusammengestellten Rechnun=gen zu werfen."

„Wozu das auch, gute Bauvallet?" fragte die Fürstin

mit leisem Tone. "Schickt doch Alles an meinen deutschen Intendanten nach Winoprabosta. Ihr lobt ihn ja selbst als überaus treu und gewissenhaft; er soll mir, wenn wir hinkommen, ein Resumé vorlegen."

"Wenn wir hinkommen!" gab Madame Bauvallet mit leichtem Achselzucken zur Antwort. "Was wollen Euer Durchlaucht auf dem kleinen Gute machen? Ueberhaupt glaube ich nicht," setzte sie nach einer Pause hinzu, während welcher ihr die Herrin eine Antwort schuldig geblieben war, "daß Madame Lust haben, wieder zu reisen."

"O gewiß, o gewiß!" sprach nun die Fürstin erregter, indem sie sich ein klein wenig aufrichtete.

"Nach dem Süden?"

Diese Frage war mit einem kleinen lauernden Blicke begleitet.

"O nein, o nein," sagte die Fürstin mit einem tiefen Seufzer.

"So werden Euer Durchlaucht nach Moskau auf die großen Güter gehen," meinte lächelnd die Französin.

"Wo mein Vetter Iwan den Tag über seine Fuchshatzen abhält," entgegnete die Fürstin in fast entrüstetem Tone, "und die Nächte mit seinen gleichgesinnten Gutsnachbarn im Trinken und Spielen verbringt? — Gott soll mich bewahren! Mag Iwan machen, was er will, ich will nach dem Wolthonski-Wald, auf das kleine liebe Gut, das meine Eltern besaßen," setzte sie in wehmüthigem Tone hinzu, „und wo ich als Kind so glücklich war, o so sehr glücklich."

„Aber die großen Lubanoff'schen Güter bei Moskau, die in schrecklicher Verfassung sein sollen?"

„Wenn wir in Winoprabofka sind und dort eingerichtet, schicke ich Feodor Buchholz auf die Lubanoff'schen Güter. Das ist ein braver und energischer Mann; er wird schon Ordnung stiften und ich werde ihm Vollmachten geben, daß er mit Vetter Iwan fertig wird."

„Monsieur Buchholz ist wohl der Mann dazu," sagte Madame Bauvallet nachdenkend, „aber die Leute möchten wohl ihre Herrin einmal selbst sehen."

„Später, später," gab die Fürstin zerstreut zur Antwort. „Doch laß mich hören, was Du weiter hast. Ich sehe da noch eine Menge Papiere in Deiner Hand."

„Ja, Papiere genug," erwiederte die Französin mit einem Gesichtsausdruck, der ernst erscheinen sollte, in Wahrheit aber komisch aussah. „Papiere, wie sie jeden Tag zu Dutzenden einlaufen, und die alle in verschiedenen Variationen dasselbe besagen."

„Nun, was denn?"

„Bitten und Forderungen."

„Und was verlangt man denn so vielfältig von mir? Es muß ja was Arges sein, wenn ich dein ernstes Gesicht betrachte. — Was will man?"

„Nun, Geld wollen die verschiedensten Leute, zu den

verschiedensten Zwecken, unter den allerverschiedensten Vorwänden."

Die Fürstin machte eine Miene der Langeweile, wenigstens der größten Gleichgültigkeit.

„So gib ihnen denn," sagte sie nach einer Pause; „es fehlt dir doch nicht an Geld?"

„Gott soll mich bewahren, daß es daran fehlt," rief erschrocken Madame Bauvallet; „das wäre eine grenzenlose Wirthschaft. — Nein, Geld ist im Ueberflusse da, und die Banquiers drängen ordentlich, daß man auf sie anweist."

„Nun denn?"

„Ja, nun denn, Madame — Euer Durchlaucht haben gut reden so — es sind große Summen, die angewiesen werden. Und wen trifft am Ende einmal die Verantwortung?"

„Verantwortung —?" fragte rasch die Fürstin, „gegen wen?"

„Nun, allerdings gegen Sie, aber —" gab die Französin nach einer Sekunde stockend zur Antwort, — „wenn nicht später —"

Die Fürstin machte eine abwehrende Bewegung mit der Hand.

„O du Närrin," sagte sie gutmüthig, „eines Tages, wenn ich dich nach deinem schönen Frankreich zurückschicke, werde ich dir noch einen allgemeinen Revers ausstellen, daß

Alles, was du hier gethan und ausgegeben, ja was du gesprochen und gedacht, auf meinen speziellen Befehl geschehen ist. — Wie? was? noch eine Wolke auf deiner Stirne? Ah! ich verstehe den Blick in deine Papiere. So lies denn, langweilige Person, so laß mich denn die Hauptforderungen hören, aber nur die Hauptforderungen, nichts unter zehntausend Rubel."

„Die Oberin Ihrer Diakonissen-Anstalt," referirte Madame Bauvallet, augenblicklich Gebrauch machend von der erhaltenen Erlaubniß, „trägt die Summe vor, welche die befohlene Vergrößerung des Instituts kosten würde. — 240,000 Rubel," las sie in sehr gedehntem Tone.

„Gewiß, ich will die Vergrößerung. Weiter."

Die Französin unterbrückte einen leichten Seufzer, dann fuhr sie fort: „Die Seminoff'sche Armenschule schickt die Abschrift eines Briefes, woraus hervorgeht, daß der Frau Fürstin hochseliger Vater in früheren Zeiten dorthin ein jährliches Geschenk von hundert Rubel machte. Sie wünschen —"

„Mein guter, guter Vater!" rief die Fürstin schmerzlich bewegt, „er that so gern etwas für die Armen, und ich habe ihrer bei meinen vielen Reisen im Ausland so wenig gedacht."

Sie versank in tiefes Nachdenken. Dann sagte sie nach einem langen Athemzuge: „O mein guter Vater! Hundert Rubel war ein Gegenstand für ihn. — — — — Höre, gute Bauvallet," fuhr sie darauf rasch und energisch fort, „was die Seminoff'sche Armenschule anbelangt, sollst du dich genau erkundigen, wie ihre Mittel sind, ob sie Kapitalien hat, ob sie gut dotirt ist, und das Geringste, was du mir für sie vorschlägst, soll ein Geschenk sein von hunderttausend Rubel für diesmal und zehntausend jährlich, so lange ich lebe. Glaube mir, wenn mein armer Vater ihnen jährlich hundert Rubel gab, so mußte er wissen, daß sie sehr würdig und bedürftig sind."

Die Französin neigte ihren Kopf zum Zeichen, daß sie wohl verstanden habe, dann las sie weiter: „Der Annakoff'sche Verein für unbemittelte Jungfrauen und das Marien-Asyl veranstalten eine Lotterie und bitten um Beiträge. Vielleicht wären zweitausend Rubel an sie zu vertheilen."

„Gib jedem zweitausend Rubel, gute Bauvallet," sprach die Fürstin. „Glaube mir," setzte sie mit einem reizenden Lächeln hinzu, „ich werde auf andern Seiten wieder sparen. Was habe ich nicht schon diesen Herbst und Winter an der Toilette erspart; du mußt mir das zugestehen, und wenn wir erst im Wolthonski-Wald sind, da brauchen wir eigentlich gar nichts mehr."

Madame Bauvallet zuckte leicht mit den Achseln und machte mit dem Bleistift, den sie in der Hand hatte, ein paar feste Striche auf ihre Papiere.

„Hier ist noch," sagte sie nach einer Pause, „ein

Schreiben von Monsieur Buchholz. Es ist an mich gerichtet, und wenn Madame befehlen, lese ich es Ihnen vor."

"Lies den Brief von Buchholz," gab die Fürstin zur Antwort. "Ich mag den Deutschen gut leiden; auch ist in seinen Briefen immer etwas, das mich interessirt, und wenn es nur die deutschen Wendungen sind, mit der er sein Russisch spricht und Französisch schreibt, oder die einzelnen Ausdrücke seiner Muttersprache, bei denen dafür die hiesige Benennung fehlt. — Lies."

Sie legte ihre rechte Hand unter das Haupt, nachdem sie sich auf ihrem Divan ausgestreckt, und ließ die Augenlider halb zufallen. "Nimm dir einen Stuhl, Henriette," sagte sie alsdann mit leiser Stimme.

Die Französin aber dankte für die Erlaubniß, sich zu setzen, mit einer verbindlichen Neigung ihres Kopfes; dann las sie:

"Madame!

"Glauben Sie meiner Versicherung, daß ich noch nie dem Ende eines dieser langen und langweiligen russischen Winter mit solcher Ungeduld entgegen gesehen, wie eben jetzt, und seien Sie überzeugt, daß ich mit dem allergrößten Vergnügen der Welt die geringsten Anzeichen betrachte, von denen man sagen könnte, sie verkündigen, daß die Erde anfange sich zu dehnen und zu recken nach ihrem festen Winterschlafe, und daß sie endlich, endlich ihre tausend wunderbaren

Augen aufschlagen wolle. Wenn mir Einer meldet, es krache zuweilen im Laboga=See, so bekommt er von mir einen Extraschnaps, und alle paar Tage reite ich hinauf auf den Mons Alaunus, der, in Parenthese gesagt, den Namen eines Berges durchaus nicht verdient, und schaue mich unter den Tannenwäldern um, ob nicht von Süden her so ein frischer auflösender Hauch an mein Gesicht schlagen will. Gestern war ich noch droben, und da flüsterten die Nadeln an den Zweigen so geheimnißvoll, als wollten sie sagen: bald wird er kommen, der göttliche, sehnlich erwartete Frühling."

Ueber die Züge der Fürstin flog ein leichtes Lächeln. "Monsieur Feodor ist ein Poet, du gibst das zu, gute Bauvallet," sagte sie, ohne die Augen aufzuschlagen.

"Er hat in der Art was, wie alle Deutsche," gab die Französin zur Antwort, "die begeistern sich für Sachen, die uns gleichgültig sind, und sie sind im Stande, sogar mit Schwärmerei und Innigkeit einer aufbrechenden Knospe zuzuschauen."

"Ja—a, ja—a. — Doch weiter."

"Das Alles dürften Sie überschlagen, meine gute Madame Bauvallet; ich habe nur damit ausdrücken wollen, daß ich mich wie sonst immer einfach, dießmal doppelt auf den Frühling freue, vorausgesetzt, es bleibt dabei, daß unsere gnädige Fürstin den Wolthonski=Wald mit ihrem Besuche beehrt. Dann sehe ich auch Sie wieder, und Fräulein Elise."

Die Fürstin schlug lächelnd ihre Augen auf, ließ sie aber gleich darauf wieder zufallen.

„Die beiden Gärtner sind angekommen, ordentliche Bursche, und da das befohlene neue Glashaus vor Ende der strengen Jahreszeit fertig geworden, so haben wir da schon wirthschaften können (die Sämereien, welche mir Fräulein Elise gab, gehen prächtig auf), daß es ein Vergnügen ist. Die Kisten mit Möbeln und Tafelservice, die Sie uns schickten, sind ausgepackt; es ist wenig zerbrochen und alles ziert das Schlößchen, daß man sich nicht satt daran sehen kann und nur bedauern muß, daß die Bewohner noch fehlen. Ich freue mich wie ein Kind darauf, bis Alles grünt und blüht und wir die Frau Fürstin erwarten können. Legen Sie ihr meinen tiefsten Respect zu Füßen, nehmen Sie meine herzlichsten Grüße und sagen Sie Fräulein Elise ein paar gute Worte von mir."

„Er spricht viel von Elise," meinte die Fürstin lächelnd.

Madame Bauvallet zuckte leicht mit den Achseln, worauf sie in sehr gutmüthigem Tone sagte: „Ich finde das begreiflich, und es freut mich. Er ist ein Deutscher, sie ist eine Deutsche, und Beide sind wackere und liebe Menschen. Doch hier," unterbrach sie sich selber, „steht noch eine Nachschrift, die nicht ganz uninteressant ist. — Madame werden sich des alten Uprawlajetschi Potowski erinnern."

Die Fürstin preßte ihre Lippen auf einander, und ihre Brust hob sich unter einem tiefen Athemzuge. — „Ob wir uns seiner erinnern! Nicht wahr, gute Bauvallet, du erinnerst dich auch noch gern jener Zeit und des Namens, o jenes Namens," setzte sie schmerzlich erregt hinzu, "der uns Allen, Allen so viel Kummer gemacht, so viele bittere Stunden. — Und so viele süße!" — Das sagte sie ganz leise. — "Fort! fort!" Sie wischte mit der umgekehrten Hand über ihre Stirne. — "Was ist's mit Potowski?"

"Potowski hat einen Sohn," referirte die Französin — "doch nein," sagte sie lächelnd, "ich muß das mit den Worten des Intendanten sagen." Und dann las sie wieder aus dem Briefe:

"Der alte Potowski, dessen sich die Frau Fürstin noch erinnern werden, ist noch immer wohl auf; nur trinkt er ein bischen viel Anisbranntwein, und die Folge davon ist, daß ich mich zuweilen genöthigt sehe, in seine Haushaltung ein wenig scharf einzugreifen, indem ich ihn manchmal unter Schloß und Riegel setze, das heißt in seinem eigenen Hause, wo ich dazu ein passendes Lokal gefunden habe, um ihn nicht zum Gespötte der Andern über die Straße führen zu müssen. Er erkennt es auch bestens an, und wenn er nüchtern geworden ist, bedankt er sich für die gnädige Strafe. Es ist gut, daß ich nicht den hohen Auftrag habe, mich um Einige Seinesgleichen so speziell zu bekümmern, denn sonst müßte ich selbst den Vogt machen; und thue ich das auch in diesem Ausnahmsfalle gern, denn Madame Potowski führt ihre Kinderschule auf eine ganz vortreffliche Art."

„Weiter, weiter von den Potowski's," sprach die Fürstin, dann setzte sie wie nachdenkend hinzu: „Ja, ja, sie ist eine brave Frau," und sagte dann, als sie den fragenden Blick der Madame Bauvallet bemerkte: „sie stammt aus den Ostseeprovinzen, war die Tochter eines deutschen Lehrers und gab uns Kindern Unterricht im Zeichnen."

Die Französin nickte mit dem Kopfe. „Darauf scheint sich die Nachschrift des Intendanten zu beziehen," meinte sie alsdann, „denn er sagt, von den Kindern Potowski's ist nur ein einziger Bube übrig geblieben, der jetzt vierzehn Jahre alt ist, und der, man sollte es nicht glauben, ein eminentes Talent zum Zeichnen und Malen besitzt. Seine Mutter hat ihn unterrichtet, ich schaffe ihm Papier und Farben an, bringe ihm auch bei, was ich selbst noch weiß; aber jetzt sind wir Beide mit unserem Latein am Ende."

Die Fürstin hatte sich rasch emporgehoben, stützte den Kopf auf ihre Hand und sagte, indem sie ihre glänzenden Augen mit dem unverkennbaren Ausdruck des Interesse's auf die Vorleserin richtete:

„Das ist ja außerordentlich, und ich kann dich versichern, gute Bauvallet, daß mich das sehr, sehr freut."

„Ich wage es auszusprechen," las die Andere weiter, „daß in dem Buben ein ganz außerordentliches Talent steckt, für das es Schade wäre, wenn es nicht durch alle möglichen Mittel geweckt und ausgebildet würde. Hier bei uns kann er nichts mehr lernen, und entweder sollte man ihm

einen tüchtigen Lehrer verschaffen, oder auf eine aus=
wärtige Schule schicken."

„Zuerst einen Lehrer, Bauvallet," rief die Fürstin rasch
und entschieden, „den besten Lehrer, den Petersburg hat,
und den wir hinausschicken wollen, um ihn zu prüfen und
um uns gewissenhaft berichten zu lassen, ob ein großes Ta=
lent in dem Knaben steckt. O wie würde es mich freuen,
ja wie würde es mich förmlich glücklich machen," fuhr sie
mit leuchtenden Augen fort, „wenn wirklich ein großes be=
deutendes Talent in ihm schlummerte, wenn der Name Po=
towski, den ich freventlich erfunden, doch noch emporstrahlen
würde, geehrt und geachtet genannt werden, und" — setzte
sie leiser hinzu — „bis zu ihm bringen, um ihm vielleicht
zu sagen, daß ich gut zu machen mich bestrebe, so viel in
meiner Macht liegt."

Sie hatte sich rasch von ihrem Divan erhoben, war an
einen kleinen Schreibtisch geeilt und schrieb dort hastig einige
Zeilen, die sie in ein Couvert steckte, dasselbe schloß und mit
einer Adresse versah.

„So, gute Bauvallet," sagte sie alsdann in heiterem
Tone, „das besorge mir sogleich, und wenn der Professor
kommt, so soll er augenblicklich zu mir geführt werden. Sei
du so gut und schreibe dem Buchholz, daß mich sein Brief
gefreut, daß ich mit dem ersten Grün in Winopraboska ein=
treffen werde und daß ich seiner Sorgfalt den jungen Po=
towski so dringend empfehle, wie es mir nur möglich ist.

Schreibe sogleich und schicke den Brief mit der schnellsten Gelegenheit." .

Madame Bauvallet wickelte ihre Papiere zusammen, versicherte, daß sie nicht ermangeln werde, alle Befehle von Madame auf's pünktlichste zu besorgen, und verließ das Gemach, in der Hand den Brief der Fürstin.

Diese schritt nun erregt auf und ab, drückte zuweilen ihre rechte Hand an die Stirne und dachte lebhaft vergangener Zeiten. Freudig und schmerzlich strömten die Erinnerungen auf sie; bisweilen blieb sie auf ihrem Spaziergange durch das Zimmer stehen; ihren Lippen entschlüpfte ein Ausruf, jetzt wandte sie sich plötzlich um und trat in die kleine Gemäldegallerie, wo sie verschiedene der Bilder betrachtete, dieses eilig, flüchtig, rasch wieder den Blick davon abwendend, als fürchtete sie sich vor den Erinnerungen, welche es in ihr hervorrief, vor einem anderen blieb sie länger stehen, versenkte sich in das Betrachten desselben, und drückte beide Hände gegen ihre Brust, wobei sich ihre Lippen bewegten, als murmele sie ein Wort, einen Namen.

Ein leichtes Geräusch im Salon, den sie eben verlassen, riß sie aus ihren Träumereien, doch schien ihr diese Unterbrechung nicht unlieb. — „Du bist es, Elise?" rief sie, und als von drinnen die Antwort erschallte: „Ja, gnädige Fürstin, ich bin es," so überflogen noch einmal ihre großen glänzenden Augen die Wände der Gemäldegallerie, worauf sie in das anstoßende Gemach zurücktrat. — „Setze dich zu

mir," sagte sie mit sanfter Stimme zu dem jungen Mäd=
chen, welches in der Mitte des Gemachs stehen blieb und
die Befehle ihrer Herrin zu erwarten schien. „Komm, setze
dich zu mir wie damals, wie so oft."

Sie ließ sich abermals auf den Divan nieder, Elise
rückte ein kleines Tabouret an ihre Seite, stützte den Kopf
auf den Arm und kam so ihrer Herrin näher, welche, wie
sie gern zu thun pflegte, ihre Hand sanft in die vollen
Haare des jungen Mädchens vergrub.

„Jetzt ist der Winter bald vorüber," sagte die Fürstin;
„nicht wahr, er hat lange gedauert?"

„Bei uns in Deutschland ist nun schon Alles grün,"
meinte träumerisch das junge Mädchen; „die Schneeglöckchen
sind schon abgeblüht, die Primeln noch da, und duftende
Veilchen findet man so viel man will."

„Soll das ein Vorwurf für unser armes Rußland sein?"
meinte die Herrin lächelnd. „Da könnten die Bewohner der
südlichen Länder etwas Aehnliches von den deutschen Landen
sagen. In Italien zum Beispiel blühen und glühen die
Rosen jetzt im prachtvollsten Flor. — Doch sprechen wir
nicht davon," setzte sie ernst, fast wehmüthig hinzu, „seien
wir mit dem zufrieden, was uns geblieben; nicht wahr,
meine gute, gute Elise?"

„Gewiß," erwiderte das junge Mädchen, indem sie mit
ihren klaren Augen emporschaute und mit einem Ausdruck,
in welchem sich viel gute Hoffnung für die Zukunft zeigte.

„Ich finde die Winter hier," sprach sie dann nach einer Pause, „sogar in gewisser Beziehung sehr behaglich, nur die lange Nacht und die Morgen= und Abenddämmerung, die oft gar nicht aufhören will, drückt das Gemüth."

„Dafür aber haben wir auch die wunderbaren Sommer= nächte, wo sich erst Abends um eilf Uhr der Himmel leicht verdunkelt, und schon kurz nach Mitternacht der Tag wieder anbricht."

„Ist das nicht ermüdend?"

„Wenn man glücklich ist, nicht, sonst kann es uns aller= dings zuweilen in traurige Stimmung versetzen. — Aber wir wollen glücklich sein, nicht wahr, Elise? — Du wenig= stens sollst es sein — ich will es. Was mich anbelangt," setzte sie träumerisch hinzu, „so werde ich mir ein Glück ganz eigener Art suchen. Aber —" unterbrach sie sich mit einer fast ungeduldigen Handbewegung, „wohin führt uns das Gespräch wieder; ich wollte ja vom Frühjahr reden — dann reisen wir."

Das junge Mädchen blickte erstaunt in die Höhe.

„O nicht so," fuhr die Fürstin lächelnd fort, welche diesen Blick wohl verstand, „wir gehen auf meine Güter."

„Nach Moskau?" fragte Elise anscheinend mit großer Unbefangenheit, doch senkte sie ihre Blicke wie zufällig herab und betrachtete ihre Hände, welche sie auf dem Schooße zu= sammengelegt hatte.

„O nein, wir gehen nach Winoprabofka. — Gingeſt du lieber nach Moskau?"

„Ich? o nein! Winoprabofka ſoll ſchön ſein."

„O es iſt ſehr ſchön, klein und reizend, es hat etwas von einer deutſchen Gegend, friſch grüne Hügel und tief blaue Seen. Was ſollte ich auch auf den großen Gütern bei Moskau? Dort hauſt mein Vetter und verbringt ſeine Zeit auf eine Art, die mir zuwider iſt, zwiſchen Fuchs- und Haſenhatzen, zwiſchen Spielen und Trinken. Mich dauert nur ſeine Frau Anna, und ihr zuliebe miſche ich mich nicht tiefer in Iwans Angelegenheiten, wie ich doch thun ſollte. Doch werde ich von Winoprabofka aus Feodor Petrowitſch mit guten Vollmachten hin ſchicken müſſen. Er treibt es oft zu bunt da unten."

Eliſe ſchloß ihre Lippen feſter und nickte mit dem Kopfe, als gehe ſie vollkommen auf die Anſichten der Fürſtin ein, doch war es unverkennbar, daß ein leichter Schatten über ihre ſonſt ſo offene und freie Stirn flog.

„Ich bin es den Gütern ſelbſt, beſonders aber den Bauern ſchuldig, eine feſte Hand hinzuſchicken, die Ordnung hineinbringt und den letzteren das Daſein behaglicher macht. Könnte ich dir den Unterſchied zwiſchen meinen Gütern bei Moskau und denen am Wolthonski-Wald recht anſchaulich machen, du würdeſt nie mehr ein Verlangen haben, die erſteren zu beſuchen. — So laß uns alſo auf das Frühjahr hoffen. O ich kann dir nicht ſagen, meine gute Eliſe, wie ſehnſüchtig ich beim Ausfahren die Birken anblicke, ob ſich da in den Knospen noch nichts regt, und wie häufig ich es mache wie der gute Feodor Petrowitsch und nach Süden schaue, mein Gesicht dorthin wende, ob nicht ein wärmerer Lufthauch von dort zu spüren ist. Bald aber, bald wird unsere Sehnsucht erfüllt."

Und der Frühling kam, wie er immer zu kommen pflegt, freilich nicht ganz regelmäßig oder in gleich guter und schlechter Laune: er liebt es, der launenhafte junge Mensch, sich uns alljährlich in den verschiedensten Mummereien zu präsentiren, da er doch weiß, daß er uns armen Menschenkindern willkommen sein muß, mögen nun Blüthen aus seinem Haar stäuben und seine Finger frische grüne Blätter ausstreuen, oder mag er kommen bedeckt mit schwellenden Knospen, die sich aber noch schauernd vor kalten Westwinden in ihrer Umhüllung halten, ja sich momentan noch verstecken müssen unter sprühenden Schneebrisen. Es ist doch einmal der Frühling, der an unsere Pforte pocht, und der die Hoffnung, selbst unter Schnee und Eis, aufleben läßt.

So kam denn auch also der Frühling nach Petersburg, und diesmal sogar mit einem freundlichen Gesichte. Freilich hatte er schon im Süden unzählige Ströme vom Eise befreit, hatte schon Milliarden von Knospen aufgeküßt und eine unsinnige Verschwendung mit Blüthen der verschiedensten Art getrieben, ehe er in Rußland die Birkenschößlinge treiben ließ und das Nadelholz mit kleinen hellgrünen Punkten übersäete. —

Frühling! Frühling! Die weiten großen Thore am Glashaus vor der Wohnung der Fürstin wurden geöffnet, und zu gleicher Zeit schälte sich der Portier, der den ganzen Winter über in der Gestalt eines Bären erschienen war, aus seinen Pelzen und zeigte sich in der glänzenden reich gallonirten Livree — der erste Frühlings=Schmetterling, der der häßlichen haarigen Puppe entkrochen.

Auch Feobor Petrowitsch schrieb von Winoprabofka: er schwöre darauf, der Wolthonski=Wald sei in der Vegetation Petersburg vier Wochen voraus; er messe jeden Tag verschiedene Baumblätter und es gebe keine mehr, die unter einem Zoll lang seien. Was die Schlingpflanzen um die Cottage anbelange, so schauten dieselben jeden Tag neugieriger in die Fenster hinein und schienen sich zu verwundern, die Zimmer immer noch leer zu finden.

So schrieb er an Madame Bauvallet, denn bei Berichten an die Fürstin selbst erlaubte er sich begreiflicher Weise keiner solchen an diesem Platze unpassender Aeußerungen. Daß aber die boshafte Französin seine Briefe Wort für Wort vorlas und daß sie jeden Gruß an Elise — es kamen häufig darin vor — scharf betonte, davon hatte der gute Deutsche keine Idee.

So stand denn an einem schönen Morgen der Reisewagen der Fürstin vor ihrem kleinen Palaste, mit sechs Pferden bespannt. Einige Kaleschen und Fourgons für die Dienerschaft waren schon vorausgegangen, und nachdem die

Herrin mit Madame Bauvallet und Elise in dem großen bequemen Wagen Platz genommen, blickte die Erstere mit seltsam umflortem Auge zu den Fenstern empor, wo sie den Winter verbracht; dann setzten die Jämschtschiks ihre Hüte auf und fort ging es in die Perspective hinein, von dort donnernd über die Fontanka-Brücke hinweg, lange, lange durch das weite Petersburg, immer zwischen Häusern dahin, durch den Tsarskoje-Sseloschen-Prospekt über den Sagorobnoi-Canal endlich in's Freie an die Grenzen der unermeßlichen Stadt. Es erschien der Fürstin angenehmer, statt die Eisenbahn zu benutzen, den Weg nach Winopradoska über Walbai in ihrem bequemen Reisewagen zu machen. Da rollte sie hin auf der breiten Moskau'schen Straße, und wenn sie vorwärts blickend der weißen Straßenlinie folgend, die sich weit, weit vor ihren Augen auf der unermeßlichen Ebene dahinzog und die Phantasieen so gern entführte nach den fernen südlichen Ländern, mit denen sie den Norden in Verbindung setzt, nach der Türkei, dem Kaukasus, Turkestan, nach China und Persien, so war anderntheils wieder die Umgebung, durch welche die große Straße führt, so recht dazu gemacht, die Gedanken zu versammeln, sie einem Buche zuzuwenden oder der Unterhaltung mit den Begleitern.

Hier ist Alles eben, Alles sumpfig und waldlos; da sieht man vielleicht ein Birkenwäldchen, zuweilen einen kleinen Tannenwald, aber immer recht einsam liegend in weit ausgedehnten Flächen kahlen und wenig angebauten Landes.

Dörfer erscheinen als Seltenheiten und das Einzige, was der Reisende vielleicht mit Interesse betrachtet, ist das Leben auf der Straße selbst. Hier freilich taucht alle Augenblicke etwas Neues auf, unzählige Waarenzüge, die mit uns in derselben Richtung gehen oder uns begegnen. Namentlich bilden die Wagen der Fuhrleute, die in's Innere ziehen, große lange Karawanen. Sie führen westeuropäische Waaren, italienische Früchte, französische Bücher und Bijouterien, englische Tücher und deutsche Linnenwaaren nach Moskau und weiter hinein. Leichte Troiken, oder schwere Vier- und Sechsspänner kreuzen diese Züge, oder jagen rasselnd und glockenklingelnd an ihnen vorüber.

Wir erreichen Novgorod, zu beiden Seiten der Wolchon liegend, und finden hier die Umgegend noch öder und wüster als bei Petersburg, eine völlig ebene Fläche ohne Hügel und Wald.

Die Fürstin schien diese Gegend nicht mehr so recht im Gedächtniß zu haben und war selbst überrascht von dem Mangel aller landschaftlichen Schönheit. Madame Bauvallet meinte, der Wolthonski-Wald habe sich das so recht als Relief arrangirt und müsse darauf nothwendig als ein kleines Paradies erscheinen. Elise betrachtete und träumte.

Unmerklich steigt das Land hinter Novgorod empor; ja so leise und ohne Uebergänge, daß man wie im Traume dahinrollend die Gegend mit jedem Schritte mehr verändert findet, ohne sich eigentlich Rechenschaft geben zu können, woher das komme. Schmale Grasflächen haben sich kaum merklich zu saftigen Wiesen erweitert, einzelne Birken an der Straße sind kleine frisch grüne Wälder geworden, klares tiefblaues Wasser rauscht uns von Abhängen entgegen, deren Dasein wir eine Viertelstunde vorher noch gar nicht geahnt. Die ganze Landschaft ist anmuthig, man könnte sagen im deutschen Charakter, jetzt frühlingsfrisch und lieblich.

Die Bauart der Häuser hat hier Aehnlichkeit mit der in der Schweiz; man sieht weit hervorragende Dächer, und die Gallerien und Erker vor den Fenstern sind mit buntem Holzschnitzwerk verziert. Wahrhaft zierlich und hübsch erscheinen uns die Wirthschaftsgebäude nebenan; jeder Schuppen, jedes Dach ruht auf dicken Baumstämmen, und da diese Baumstämme gewöhnlich hellschimmernde Birken sind, so sehen diese Gebäude oft aus wie von weißen Säulen umgeben.

Als der Wagen der Fürstin langsamer gegen die Höhe des Waldairückens hinauffuhr und man das kleine Städtchen schon selbst sah, sagte Madame Bauvallet:

„In der nächsten Viertelstunde überschreiten wir die Grenze zu Ihren Gütern, Madame. Da sollte mich wundern, wenn Feodor Petrowitsch nicht schon vor Waldai zu Ihrem Empfange bereit stünde."

Und kaum hatte sie dies gesagt, so sah man einen Reiter in vollem Galopp die Anhöhe herab gegen den Wagen hersprengen und die Fürstin lachend zu dem Ausrufe veranlassen:

„Das ist wie in der Comödie Henriette: Feodor Petrowitsch hat sein Stichwort gehört und tritt ganz Eifer und Feuer auf die Bühne."

Und schon hatte der Reiter den Wagen erreicht, parirte leicht und gewandt sein Pferd und begrüßte, ehrfurchtsvoll seinen breitränderigen Hut abnehmend, die Fürstin, worauf er sein dampfendes Roß wandte und näher zum Schlage ritt.

„Der Himmel hat uns zur Ankunft Eurer Durchlaucht einen prachtvollen Tag gegeben," sagte der Intendant mit einer tiefen, wohlklingenden Stimme, und setzte mit einer abermaligen Verbeugung hinzu: „Es ist das ganz im Einklange mit den frohen Wünschen unseres Herzens."

Feodor Petrowitsch oder Friedrich Buchholz, wie er auch hieß, ehe er nach Rußland kam, der Sohn vom Peter Buchholz, daher sein Beinamen Petrowitsch, war eine angenehme Erscheinung; er hatte ein offenes Gesicht mit einer freien Stirne, klare freundliche Augen, einen großen blonden Schnurrbart und war ein schlank aber kräftig gewachsener Mann von vielleicht dreißig Jahren. Zu Pferde nahm er sich in dem anliegenden grünen Jagdrock, dem Hirschfänger an der Seite, mit den hohen glänzenden Stiefeln stattlich aus, und die Art, wie er die Gangart seines wilden Pferdes dem Fahren des Wagens leicht und gewandt anpaßte, zeigte einen guten Reiter. Madame Bauvallet grüßte er verbindlich und freundlich, und welchen Gruß er für Elisen hatte, die auf dem Rücksitze saß, konnten die im Hintergrunde des Wagens sich befindlichen Damen nicht gut sehen, da Feodor Petrowitsch, als er dem jungen Mädchen seine Verbeugung machte, sein Pferd etwas zurückhielt. Warum Elise diesen Gruß sehr kurz erwiderte, und sich dann zum Wagen hinaus lehnte, um angelegentlich nach Walbai hinauf zu schauen, wissen wir nicht. Vielleicht, daß sie das Städtchen selbst, als so nahe ihrem künftigen Wohnorte liegend, besonders interessirte.

Um die Fürstin so viel wie möglich vor dem Andrängen der Bevölkerung zu schützen, die in ihr dankbarlichst die gute Herrin liebte, hatte der Intendant herrschaftliche Pferde vor das Städtchen bestellt und ließ dort den Wagen umspannen. Daß aber trotzdem Alt und Jung herbeiströmte, dicht an den Wagen zwischen die Räder lief, Mützen und Hüte schwang, daß die Kinder empor gehoben wurden, um in den Wagen blicken zu können, und daß hunderte von Lippen in allen nur erdenklichen Schmeichelworten sich über die endliche Ankunft ihres schönen Mütterchens freuten, war nicht zu verhindern, und dankte die Fürstin herzlichst und wahrhaft gerührt.

Hinter Walbai fingen die lubanoff'schen Güter an, und Feodor Petrowitsch hörte mit Stolz, was die Fürstin sagte, daß man keinen Grenzpfahl brauche, um zu sehen, wo sein, des Intendanten, Regiment beginne. In der That bemerkte man auch hier einen auffallenden Unterschied in der Bearbeitung der Felder. An niedrigen Stellen waren überall

Kanäle gegraben, um das überflüssige Wasser von den Aeckern
abzuleiten. Die Felder waren gehörig vermessen und ge=
düngt; die Wiesen gereinigt von Erdschollen und nutzlosen
Gesträuchen. Am steilen Ufer einer Quelle, neben dem Weide=
platze war eine mit Steinen ausgelegte Stelle, wo das
Vieh zur Tränke herabstieg, um nicht im Kothe zu waten
und die Quelle nicht mit Erde zu verschütten. Der Weg
war zu beiden Seiten mit Bäumen bepflanzt; die Brücken
waren in guter Ordnung und sumpfige Stellen mit Faschi=
nen belegt. Als man dem Dörfchen selbst näher gekommen
war, hinter dem sich das Schloß der Fürstin befand, sah
man hölzerne dauerhafte Häuser in einer Reihe zu beiden
Seiten der Straße. Um das Fenstergesimse war Schnitz=
werk angebracht, die Höfe alle mit hohen Zäunen umgeben,
nebst hübschen Pforten und einem Wetterdache. Die Häuser
standen in einiger Entfernung von einander, aus Vorsicht
gegen Feuers=gefahr. Zwischen den Häusern befanden sich
Gärtchen mit Fruchtbäumen, hinter den Bauerhäusern die
Küchengärten, und hinter diesen die Tennen. Am Ende
des Dorfes ragte eine schöne steinerne Kirche empor, be=
schattet von hohen Linden. Das Haus des Geistlichen un=
terschied sich durch Sauberkeit und durch ein hübsches Aeu=
ßeres. Neben der Kirche standen noch einige niedliche Häus=
chen, zum allgemeinen Nutzen. In einem derselben befand
sich ein Hospital und eine Apotheke; in einem andern ein
Verpflegungshaus für Verwaiste, Kränkliche und Hochbe=

jahrte; in dem dritten das Vorrathsmagazin und eine Bude mit den für den Landmann nothwendigen Waaren; in einem vierten die Dorfschule und das mündliche Gericht. Eine Schmiede war am Ende des Dorfes, und in dessen Mitte ein großer Brunnen. Die Landleute beiderlei Geschlechtes hatten ein gesundes Aeußere, und die jungen Frauen zeichneten sich durch Schönheit aus, denn äußere Schönheit ist eine Folge des Wohlstandes. Man bemerkte auf der Straße weder schmutzige Kinder noch abgerissene Weiber, noch betrunkene Bauern. Die Pferde und das Hornvieh der Landleute waren von sehr guter Race, das Geschirr und das Ackergeräth in bester Ordnung.

Dabei hatte die Gegend etwas Friedliches, Patriarchalisches in ihrer ganzen Physiognomie, die Seele fühlte sich beruhigt, und man mußte sich gestehen, daß dies ein Ort sei, wo man der Vergangenheit leben könne und ungestört von seinen Erinnerungen zehren.

Jetzt zeigte sich drüben auf der Höhe Winoprabofka, die Besitzung der Fürstin. Noch war ein kleiner Fluß zu überschreiten, auf dessen jenseitigem etwas steilem Ufer wie hingeworfen der Park war, der bis zur Höhe hinan stieg, wo zwischen freundlichem Grün das Schlößchen der Fürstin hervorschimmerte. Die untergehende Sonne küßte goldig die Fenster, so daß diese wie in rothem Feuer aufloderten.

Der Wagen machte eine Biegung, um ans Ufer zu gelangen, und noch in der Entfernung, rückwärts in der

Höhe, bemerkte man Walbai; Kirchthürme und Häuser schon in der Dunkelheit verschwimmend, und bald nur noch als unbestimmte Schatten erscheinend. Am Ufer im Fährhause glänzte ein Licht; jetzt hielt der Wagen knirschend im Sande, und dann vernahm man das Rauschen des Flusses sowie das Rufen des Bootsmanns.

Der Himmel hat eine stahlgraue Färbung, und hie und da, immer mehr und mehr springen von seinen Millionen Sternen funkelnd welche hervor. Der Wagen steht auf der Fähre, die sich kaum merklich fortbewegt, so daß man nicht genau weiß, bewegen wir uns wirklich oder führen die Tannen und Föhren, die sich so kohlschwarz von dem helleren Himmel abzeichnen, dort am Bergabhang einen geheimnißvollen Reihentanz auf. Es ist so still rings umher; man hört nichts als ein ungeduldiges Stampfen der Pferde auf dem hölzernen Boden der Fähre, oder das leise Klingeln und Klirren der Glocken und Messingtheile an den Geschirren, wenn sich die Thiere in der kühlen Nachtluft ein wenig schütteln, und das Plätschern der Ruderstangen, wenn sie aus dem Wasser gehoben werden oder aufs neue wieder hinein gleiten.

Feodor Petrowitsch war von seinem Pferde abgestiegen und stand neben dem Wagen; er hatte seine Hand auf den Rand des Schlages gelegt. — Es war hier in der Thalschlucht schon recht dunkel, so daß man kaum mehr die nächsten Gegenstände unterscheiden konnte.

Endlich erreicht man das jenseitige Ufer, die Taue der Fähre werden befestigt, die Stränge der Beipferde wieder an den Wagen gehängt, die Jämschtschiks schwingen sich auf, und fort geht es im Galopp, die steile Straße hinauf bis zum Anfang des Parkes, dort in das weit geöffnete Thor hinein, wo der Wagen auf dem Sandwege gleich sanfter rollt, dann in einer Schlangenwendung um den Berg herum, und eine Viertelstunde später hält die Equipage auf einem terrassenähnlichen Platze vor dem kleinen reizenden Cottage der Fürstin.

Der Mond ist unterdessen aufgegangen, voll und klar, und beleuchtet Gegend, Park und Schlößchen taghell; das letztere hat mit seinen Erkern, Thürmchen und Balkonen eine phantastische Gestalt, die Front desselben ist nach der Seite der Terrasse, wo der Wagen hält, durch nichts verdeckt, während die Rückseite sich schützend an die hohen Bäume des Gartens lehnt, der unmittelbar dort an der Ausgangsthüre beginnt.

Die Fürstin, Madame Bauvallet und Elise traten an den Rand der Terrasse, auf welcher das Cottage lag und blickten in die Gegend hinaus. Weich geformte Hügel bis an ihren Fuß mit Wiesen bedeckt schoben sich vor und neben einander und umgaben einen im Mondlicht hell glänzenden See, welcher die Blicke Aller anzog. In der Mitte desselben lag auf einer Insel das Waldai'sche Kloster der iberischen Mutter Gottes, phantastisch und geheimnißvoll schimmerten seine versilberten und vergoldeten Thürme aus dem stahlglänzenden Wasserspiegel und den fast schwarzen Tannenwäldern, welche das Kloster umgaben, im Glanze des Mondlichtes hervor. — — —

— — — Von drunten erklang jetzt eine Glocke, sanft und melancholisch, das Herz bestrickend, die Seele tief ergreifend. — Es ist etwas Eigenthümliches um Glockentöne in stiller weicher Mondscheinnacht. — Selbst Madame Bauvallet fühlte sich ergriffen, Elise erhob die leuchtenden Augen gen Himmel, und die Fürstin ließ ihr Haupt tief auf die Brust herabsinken und barg das Gesicht in beide Hände. —

Neunzehntes Kapitel.

Auf den Kaiserpalästen.

———

In der ewigen Stadt Rom häufen sich Trümmer auf Trümmer. Nicht als ob wir dem geneigten Leser damit sagen wollten, es beabsichtige jemand, Ruinen anzulegen, wenn er die alten Schutthaufen ebne, um ihrer prachtvollen Lage willen dort mit neuen Marmorquadern seinen prächtigen Palast, oder mit alten Steinen, die er zufällig findet, sein bescheidenes Haus zu bauen. Nein, das kommt alles von selbst und ist einmal so der Lauf der Welt, daß aus dem Steine allerlei Moose und andere genügsame Kräuter entsprießen, daß diese zu Erde werden und nun einen besseren Grund abgeben, um kräftigeren Pflanzen zum nährenden Boden zu dienen, oder daß wir auf dem verschütteten Keller unseres Vorfahren ein neues Fundament legen, um unser Haus zu bauen, dessen Trümmer dann später

Auf den Kaiserpaläſten.

für unſere Nachkommen wieder Steine liefern werden für neue Fundamentmauern.

Aber dieſes Auf= und Uebereinanderbauen iſt wohl nirgends ſo ſichtbar und tritt wohl nirgends ſo maleriſch ſchön vor unſere Augen, als hier in Rom, wo Generationen den Staub vergangener Generationen geathmet und nun ſelbſt zu Staub geworden an den Fußſohlen anderer Generationen klebten, deren Staub dann wieder zwiſchen den Rädern unſeres Wagens empor wirbelt.

Wer hörte nicht von den Cäſaren=Paläſten und von den Thermen des kaiſerlichen Roms? Nur einzelne Gebäude in der gewaltigen Stadt und doch wieder ſelbſt Städte vom ungeheuerſten Umfange! — Städte mit Spiel= und Uebungsplätzen aller Art, mit Sammlungen von Kunſtwerken und Bibliotheken, den Reichen und dem Volke zu jeder Jahres= und Tageszeit alle Genüſſe, Annehmlichkeiten und Beluſtigungen des raffinirteſten Lebens bietend, mit Bädern, mit unabſehbaren Säulenhallen zum Spazierengehen, alles das ſtrahlend in grenzenloſer Pracht, von Marmor, edlen Steinen und Metallen. — Und nun vergangen, zerfallen zu Schutt und Trümmern, zuſammengeſtürzt und begraben unter Staub und Erde! Und die weiten Flächen, welche ſpäter wieder geebnet wurden, ſahen neue Prachtbauten entſtehen, zu denen man das, was die Erde aus alter Zeit bewahrte, als Steinbrüche benutzte, um neuere größere und kleinere Bauten aufzuführen.

Und so häuften sich gerade hier Trümmer auf Trümmer, und für den, welcher einmal hier oben stand, aus leicht begreiflichen Ursachen. Denn eine Fernsicht, wie sie sich hier dem Auge bietet, hat man nicht leicht von einem andern der sieben Hügel Roms. Da liegt die ewige Stadt vor uns, vom Capitol bis zu den Thermen des Caracalla, und über diese malerischen Ruinen hinweg schauen wir auf die prachtvoll gefärbte Campagna gegen das Meer hin und lassen südöstlich die entzückten Blicke auf den wunderbaren Formen der tiefblauen Albanergebirge ausruhen.

Ja, zum Ausruhen ist das Terrain hier oben wie geschaffen, zu einem süßen, seligen Ausruhen, wobei alles, was uns in den vergangenen Tagen geschmerzt und gequält, zurückweicht, sich höchstens zu einem angenehmen Weh gestaltet.

Die tausendjährigen Trümmer der Werke des mächtigen Volkes, die unter unsern Füßen begraben liegen, zürnen uns nicht; im Gegentheil, sie sind unsern neuen, gegen sie betrachtet kleinlichen, Anlagen günstig, und der uralte Boden, der früher die stolzen Marmorhallen trug, nährt nun freundlich dichte Lorbeerbüsche, Myrthen und Oleander und so zauberische Rosengärten, wie man sie nirgend wo anders sieht.

Schreiten wir dort durch Trümmer von Mauern und Pfeilern in ungeheuren Dimensionen, die umgeben sind von der frischen Vegetation neuerer Gärten und Weinpflanzen,

Auf den Kaiserpalästen.

— Trümmer aus röthlichem Gemäuer bestehend, das von dichtem Epheu umrankt ist, und umkränzt von zarten Rosen, die von einem weichen Lufthauche bewegt, uns wie träumerisch entgegennicken. Ein wohl unterhaltener, zierlich zwischen den Ruinen geschlungener Fußweg zeigt uns Spuren fleißiger Menschenhände. Folgen wir ihm und dem Rosengehege an seiner Seite, er wird uns freundlich führen. Dort sehen wir auch schon vor uns eine Gruppe dunkler Cypressen und daneben ein kleines Haus, so süß träumerisch versteckt liegend zwischen Orangenbäumen, Myrthen und blühendem Oleander. Wir umgehen leise das elegante Casino und kommen an den Hof desselben, der mit Benutzung alter Säulen und Trümmer so entzückend und malerisch angelegt ist, daß wir augenblicklich mit einem Ausruf der Ueberraschung stehen bleiben. Dieser Hof ist eine kleine Terrasse, deren Ende eine uralte steile Mauer bildet, mit einer neuen zierlichen Brüstung als Schutzwehr versehen. Die alten Säulen und Pfeiler, von denen wir so eben sprachen, sind zu einer der zierlichsten Veranden verbunden, über welche hellgrünes Weinlaub herabnickt, während sich vom Fuße der Steintrümmer blühende Rosenbüsche aufwärts schlingen.

So bildet das Grün der Weinlaube einen phantastischen Rahmen über die geöffnete Terrasse. Dort hinaus schauen wir in eine Fülle tiefgrüner Lorbeerhaine, zwischen denen schwarze Cypressen emporragen; da sehen wir lichte Gärten mit weißen freundlichen Gebäuden; da schauen halbversteckt aus dem lieblichen Grün blühender Orangenhaine die braunschwarzen, zerklüfteten Trümmer des Colosseums von der Tiefe zu uns empor. Da erhebt sich aus der Terrasse selbst eine leichte Marmorschaale in eleganten Formen und spritzt einen klaren Wasserstrahl in die warme, duftige Frühlingsluft. Da — —

Am Eingange des Casino's, im Schatten der Weinlaube, all' das unbeschreiblich Schöne vor sich, das wir mit schwachen Umrissen zu schildern versucht, steht ein alter Steintisch — es ist eine röthliche Marmorplatte auf einem weißmarmornen Capitäl — und an diesem Tische sitzt ein kleiner Mann, der den Kopf in beide Hände gestützt hat, aber nicht aus Müdigkeit oder Unlust, sondern weil er auf diese Art bequemer in einem Zeitungsblatt lesen zu können glaubt, welches vor ihm aufgeschlagen liegt.

Aus diesem Zeitungsblatte liest er einem Andern laut vor, der sich an der andern Seite des Tisches befindet. Wir kennen ihn wohl, den Andern, und wenn auch seine Gesichtsfarbe noch sehr bleich ist, so haben doch seine Augen jenes unheimliche Feuer verloren, womit er damals alle erschreckte, die er anschaute. Sein blondes Haar ist sorgfältig gescheitelt, er trägt einen einfach grauen Rock und einen grünen Kragen und hält seine feinen weißen Hände gefaltet auf den Knieen. Auch das Zucken um seine Mundwinkel hat sich verloren, und wenn sich diese hin und wieder

bewegen, so bilden sie ein stillzufriedenes, wir möchten fast
sagen, seliges Lächeln, das aber auch wohl seine wohlbe=
gründete Ursache hat. Worin diese Ursache besteht, sollten
wir den geneigten Leser eigentlich errathen lassen; da es
uns aber schon so oft zum Vorwurf gemacht worden ist,
wir liebten es, uns beim Schluß der wahrhaftigen Schil=
derungen einer unmotivirten Kürze hinzugeben, so wollen
wir denn sagen, daß die Ursache dieses seligen Lächelns
des Tannhäuser neben ihm an seinem Stuhle lehnt, daß
sie sich ein Vergnügen daraus macht, von einem Orangen=
baum duftende Blüthen abzubrechen, die sie auf ihn her=
abfallen läßt, und daß diese Ursache eine liebe Bekannte
von uns ist, die wir als verschlossene Rosenknospe ver=
ließen, und die nun in voller Pracht aufgeblüht frisch und
duftig in ihrer Liebe und Schönheit alles gehalten, was sie
versprochen.

Der kleine Mann, der die Arme auf den Tisch ge=
stemmt hat, wirft einen freundlichen Blick auf die Beiden
hinüber, zuckt dann mit den Achseln und sagt: „Es ist
wahrhaftig eine Freude für einen gewissenhaften Vorleser,
sein Geschäft zu versehen, wenn er an euren Kindereien
wahrnimmt, daß ihr doch nicht bei der Sache seid."

Der Tannhäuser nickte begütigend mit dem Kopfe,
worauf er zur Antwort gab: „Du hast recht, Wulf; aber
ehe du anfingst vorzulesen, hast du uns ein Resumé des
Ganzen gegeben, das wohl im Stande war, mich in an=

genehme Träumereien zu versenken, und das mir — verzeih, wenn ich die Wahrheit spreche — fast alles Interesse für die Einzelnheiten benommen."

"Und ich bin leider einmal der gute Kerl, der dir immer Recht geben muß," sagte der Andere lachend und damit patschte er mit der flachen Hand auf sein Zeitungsblatt. "Was kümmert uns auch eigentlich die Entrüstung manches ehrlichen Landsmannes, der all' seine Lobsprüche, die er dem Fremden vermiethet hat, auf dich gezwungener Weise übertragen muß. Aber etwas kann ich dir nicht erlassen," setzte er mit dem bekannten Blinzeln seines linken Auges hinzu. "Paß einmal auf, was sie jetzt an den Bildern des so berühmten russischen Malers Potowski nachträglich noch für riesenhafte Schnitzer entdecken werden. — Sieh, darauf freue ich mich."

"Und wenn sie etwas derartiges finden," entgegnete Tannhäuser, "so will ich mir es zur Lehre dienen lassen."

"Punktum," sprach Wulf in sehr bestimmtem Tone, "der alte Gott lebt noch, und es wird auch noch manchen braven Mann geben, der sich darüber freuen wird, daß sich der russische Potowski in den deutschen Tannhäuser verwandelt."

"— — — Ein Ritter gut,
Wollt Ehr' und Lieb' gewinnen,
Da zog er in das röm'sche Land —
Blieb all' sein Lebtag drinnen,"

rief der Tannhäuser mit dem herzlichsten Tone der Stimme und zog Franceska sanft an sich, die ihre blühende Wange mit verschämtem Blicke an sein Haupt drückte.

Recitir' Einer nur eine Zeile vom alten Tannhäuser," rief laut lachend der kleine Maler, so hinkt gewiß was vom Uebel herbei. Ich hab' das schon so oft erfahren, daß ich mir fest vornahm, von jetzt an die ganze schauerliche Sage zu vergessen. Da kommt das Uebel."

„Il vecchio Signor conto!" meldete der Gärtner der kleinen Villa, wobei er von der Seite der Rosenbüsche in die Veranda hereinblickte. Ihm folgte in der That auch auf dem Fuße der vecchio conte. Und wirklich, er war recht alt geworden, der alte freundliche Herr; so ungern er auch die lang entschwundene Jugendzeit aufgeben zu wollen schien, von manchen Emblemen derselben konnte er sich immer noch nicht trennen, obgleich sie zum Uebrigen so gar nicht mehr paßten, so das dichte Haar seiner Perrücke und seine glänzenden Zähne. Er gab sich recht Mühe, diesem sowie auch dem freundlichen Lächeln, das um seine eingefallenen Wangen spielte, Gang und Haltung anzupassen.

Aber es wollte nicht mehr gehen; seine schwachen Beine waren müde geworden beim Ersteigen des kleinen Hügels, auf welchem die Villa lag, und als ihm Wulf eine Strecke Weges weit lachend mit einem Stuhle entgegensprang, stützte er sich ebenfalls lachend auf die

Schultern des kleinen Malers und sagte: „Wenn das alles auch keine wahre und ächte Freundlichkeit von Euch ist, so acceptire ich es doch. Ihr seid ein Schalk, aber ich habe schon lange gemerkt, daß es das Beste ist, auf Eure Späße einzugehen. Danke für den Stuhl — da sitz' ich."

Der alte freundliche Herr ließ sich in der That an der Stelle nieder, wo Wulf den Stuhl hingesetzt hatte, und ruhte da ein paar Augenblicke aus, ehe er weiter schritt. Er war aber auch so bepackt, daß seine Müdigkeit verzeihlich war, wenn man dabei noch die große Anzahl Jahre bedachte, unter deren Last er gebückt ging. In der einen Hand trug er ein kolossales Blumenbouquet und daneben auf dem Arm noch ein ziemlich großes Paket, zu dem er ein Pendant in der andern Hand hielt, allerlei kleine Commissionen enthaltend, deren Besorgung er, so oft er ging, von Franceska sich zu erbitten nicht unterließ, was diese aber nur widerstrebend gewährte.

Und er kam und ging häufig, ja bei gutem Wetter fast täglich, der alte freundliche Herr, und keiner von den Betheiligten nahm den geringsten Anstoß daran. Er war nach und nach so ganz anders geworden, als er sich ehedem gegeben, und wenn hie und da seine Zunge den Versuch machte, einmal mit etwas Leichtfertigem umzugehen, so brauchte Franceska nur den Finger emporzuheben.

Nachdem er Blumen und Päcke abgegeben hatte und sehr lange Details an Franceska über die Besorgung der einzelnen Commissionen, die sie so freundlich gewesen, ihm zu ertheilen, ruhte er eine kurze Zeit aus unter dem Schatten der Weinlaube, indem er sich mit seinem Taschentuch Kühlung zufächelte.

„Daß ich zu euch Beiden eigentlich nicht komme," wandte er sich darauf an Tannhäuser und an Wulf, „das brauche ich zum Gott weiß wie vielsten Male nicht zu wiederholen. Aber ich sehe meinen alten Freund Pisani nicht."

„Ja, der ist nach der Stadt gegangen," gab Wulf zur Antwort, „in großen Geschäften." Damit zog er wichtig thuend seine Augenbrauen in die Höhe. „Vorbereitungen zu gewaltigen Feierlichkeiten, die in den nächsten Tagen hier stattfinden werden."

„Aber meine Einladung!" wandte sich Graf Portinsky mit einiger Unruhe auf dem Gesichte gegen Francesca.

„Die bleibt nicht aus," entgegnete die junge schöne Römerin lachend, worauf sie ins Haus zurücksprang.

Der alte freundliche Herr blieb eine Zeitlang in tiefe Gedanken versunken dasitzen, dann schlug er sich vor die Stirn und sagte: „An meiner Vergeßlichkeit merke ich es recht, daß ich alt werde, merkwürdig alt, ganz unangenehm alt, und daß ich bald zu nichts mehr gut bin, als weggelegt zu werden. Nun," setzte er achselzuckend hinzu, „das ist ja das Ende aller Dinge."

„Und die Vergeßlichkeit?" fragte lachend der Tann=
häuser.

Der alte Graf fuhr mit der Hand über die Augen und
versetzte dann, mit einem Male in seinem so geläufigen
Redefluß stockend: „Nun — es betrifft nicht mich, geht auch
nicht von mir aus, eine Bitte von — von — einer guten
Bekannten, — einer liebenswürdigen Bekannten, da aus
dem Norden. Eigentlich hat die Bekannte damit nichts zu
thun, denn die Bitte zu erfüllen, mag sie kommen woher
sie will, ist für einen braven Künstler Christenpflicht."

„Ich bin wahrhaftig darauf begierig."

„Nun denn, es betrifft einen Landsmann von mir, einen
armen jungen Landsmann, der ein eminentes Malertalent
hat und von — einer Bekannten, seiner Gönnerin, hieher
geschickt wird, hieher nach Rom, wo er ziemlich schutz= und
rathlos sein wird, wenn —

„Sich nicht irgend Jemand seiner annimmt," unterbrach
ihn Tannhäuser und setzte hinzu: „hoffentlich zweifeln Sie
nicht daran, daß der von Ihnen empfohlene Landsmann
uns herzlich willkommen sein wird. Sein Name?"

„Potowski," erwiderte der alte Herr rasch, „wirklich
Potowski, der Sohn seines Vaters, des alten Potowski."

Der Tannhäuser schaute einen Augenblick vor sich nie=
der, dann sprach er: „Gut, er soll kommen, und wenn er
Talent hat, werde ich mich seiner aufs beste annehmen."

Wulf pfiff eine bekannte Melodie und der alte freund=

liche Herr umfaßte mit seinen beiden Händen die Rechte des Tannhäusers und sagte: „Dank! Dank! tausend Dank! es wird Freude machen, wenn ich das nach Norden in die Heimath schreibe."

Einen Augenblick saßen hierauf alle drei, in tiefe Gedanken versunken, lautlos da; von der Stadt herauf tönte durch die klare, weiche Morgenluft der Klang einer Glocke. Der freundliche Herr bedeckte seine Augen mit der Hand und sprach dann nach einem tiefen Athemzuge: Die Glocke erinnert mich lebhaft an mein altes heiliges Rußland; sie hat denselben Ton wie eine Glocke dort, den ich auf dem Gute meiner Bekannten oft gehört, einer Glocke im Walbai'schen Kloster der iberischen Mutter Gottes. — Amen! — Und nun," fuhr er plötzlich mit heiterem Tone fort, als wollte er gewaltsam seine ernsten Gedanken verscheuchen, „ihr habt's gut hier oben: während ich im Schweiße meines Angesichts den Berg hinaufsteige und mich abplage mit Paketen zum Nutzen eures Hauses, sitzen die hier und legen müßig die Hände in den Schooß. Ich hatte gehofft, euch fleißig bei der Arbeit zu finden."

„Das sind wieder die ungerechtesten Vorwürfe, die ein Mensch ertragen kann," sprach Wulf mit einem sehr gemachten Stirnrunzeln. „Wir sind in einer Kunstpause begriffen und waren schon ungeheuer fleißig."

„Wovon ich mich überzeugen will," erwiderte der alte

Herr, während er aufstand und nach dem Atelier schritt, welches sich zur ebenen Erde des Casino's befand.

Nachdem er kurze Zeit verschwunden war, reichte Wulf die Hand über den Tisch hinüber seinem Freunde und sagte mit einer Bewegung, die man bei ihm selten zu hören gewohnt war: „Jetzt, wo sich drüben in der Heimath alles für dich so prächtig aufgeklärt hat, jetzt, wo das Phantom, welches dir deinen redlich erworbenen Namen arglistig stahl, wieder in die Nacht zurückgesunken ist, wohin es gehört; jetzt, wo das Bild der Madonna, das du zu malen gelobt, so herrlich seiner Vollendung entgegengeht, — jetzt erst spreche ich meinen Glückwunsch für deine Zukunft aus. Du bist ja in einen glückseligen Hafen eingelaufen, und was dich anbelangt — du hast recht, dies wunderbare Land hier, dies gotterfüllte Fleckchen Erde, auf dem du glücklich sein wirst, nicht mehr zu verlassen. — Du —"

Der Tannhäuser hatte mit seinen beiden Händen die Rechte des Freundes ergriffen, hatte sie herzlich gedrückt und sagte nun: „Warum betonst du das „Du" so auffallend? Ich hoffe doch, wir bleiben bei einander?"

Der kleine Maler schüttelte mit dem Kopfe und man sah es ihm an, daß er sich Gewalt anthat, um ein Lächeln auf seinen Zügen hervorzubringen. Auch wischte er sich affektirt die Augen und schlenkerte dann die Finger von sich weg, als wollte er auf diese Art seine Thränen entfernen.

„Laß gut sein," sprach er nach einer Pause, „an einem schönen Morgen werde ich wieder einmal verschwunden sein; — ich muß doch," setzte er sehr ernsthaft hinzu, „nach Becker und Krauß sehen und nach unserem ehemaligen Atelier. — An einem heitern Abend aber," sagte er nach einer Pause lustig, „bin ich wieder da mit einem herzlichen felicissima notte!"

Der alte freundliche Herr kam aus dem Atelier zurück, wie mit großer Befriedigung den Kopf auf und ab wiegend. Er schritt auf den Tannhäuser zu, legte die rechte Hand auf dessen Schulter und sagte: „Das ist schön, das ist schön. Daß mich die menschlich wahren und doch so göttlichen Züge im Kopfe der Madonna anheimeln, versteht sich von selbst und will ich den Grund davon nicht läugnen. Wie Ihr aber, Tannhäuser, den Kopf des himmlischen Kindes träumen konntet, das ist mir rein unerklärlich."

„Den habe ich auch nicht geträumt," versetzte Tannhäuser, indem er vor sich niederblickte. „Ich habe ihn gesehen, gewiß und wahrhaftig vor mir gesehen."

In diesem Augenblicke erschien Franceska wieder, sie lehnte an der Thüreinfassung, die Rechte über dem Kopfe erhoben, wie der kleine Maler, der ernst, fast traurig, nach ihr hinblickte, sie so oft damals unter der Veranda hatte stehen sehen. Warum sich plötzlich seine Augen umflorten, wollen wir nicht sagen; aber er zwang sich, unter dem eigenthümlichen Glanze, der dieselben erfüllte, zu lächeln, und rief, die Worte des Tannhäuser von so eben bekräftigend: "Ja, alter Herr, er hat es gesehen, gewiß und wahrhaftig gesehen. Aber es ist ein Wunder, und warum sollte es nicht ebensogut ein Wunder sein, wie so vieles, was mit dem Tannhäuser vorgegangen? Blicken wir um uns," jubelte er laut hinaus, nachdem er die wehmüthige Stimmung, die sein Herz bedrückt, glücklich überwunden, "ist hier nicht alles wunderbar: Himmel, Erde und Menschen, ja sogar die Bäume? Denn Sie können es mir glauben, alter Herr, der kleine Lorbeerstamm hier — da sehen Sie — ist derselbe, den der Tannhäuser als Stab in der Hand trug, da ich ihn auffand. Jetzt grünt er, und da kommt Vater Pisani den Berg herauf, der grünt ebenfalls. Ich sehe wenigstens in seiner Hand einen grünenden und blühenden Orangenzweig, der uns ansagt, daß alle Schwierigkeiten überwunden sind. — Und so grünen wir alle mit einander in Jubel und Freude, ich auch, so wahr mir Gott helfe, und werden hoffentlich grünen in alle Ewigkeit."

www.ingramcontent.com/pod-product-compliance
Lightning Source LLC
Chambersburg PA
CBHW021818230426
43669CB00008B/790